Angelika Dorothea Albrecht

Mein Engelbuch

AF139502

Angelika Dorothea Albrecht

Mein Engelbuch

FSC
www.fsc.org

MIX

Papier aus ver-
antwortungsvollen
Quellen
Paper from
responsible sources

FSC® C105338

Meinem Enkelkind Raphael

Mit 44 Abbildungen - 43 in Farbe, 1 in S/W

Bibliografische Informationen der Deutschen Nationalbibliothek:
Die Deutsche Nationalbibliothek verzeichnet diese Publikation
in der Deutschen Nationalbibliografie; detaillierte bibliografische
Daten sind im Internet über http://dnbdnb.de abrufbar

Gestaltung von Buchtitel, Bild- und Textlayout: Clarissa Jochum
cl_jochum@yahoo.de

© 2014 Angelika Dorothea Albrecht
ang.albrecht@arcor.de

Herstellung und Verlag:
BoD - Books on Demand, Norderstedt
ISBN 9783734738654
3. überarbeitete Auflage 2016

Inhalt

Hinweise zu den Namen der Engel und ihrer Übertragung aus der hebräischen Schrift
Alle Engelnamen der folgenden Kapitel wurden von mir sorgfältig zugewiesen. Einige Engel haben Zusatznamen, von denen ich jeweils nicht mehr als zwei an wichtigen Stellen angeführt habe. Ansonsten habe ich von den vielen möglichen Übertragungen aus dem Hebräischen einen Hauptnamen und seine Interpretation verwendet. „Mein Engel-Alphabet" am Ende des Buches enthält im Einzelfall die Haupt- und Zusatznamen. Die unterschiedlichen Übersetzungen der hebräischen Schrift und die unterschiedlichen Interpretation ergeben sich daraus, dass es im Hebräischen praktisch nur Konsonanten gibt, so dass das Einsetzen der Vokale zwischen den Konsonanten jedem mehr oder weniger selbst überlassen ist. Die meisten Namen der Engel enden auf -el (אל), was in Hebräisch „wie Gott" bedeutet. Daneben gibt es aber auch Endungen auf -iah, -on, -il und andere. Vor allen Endungen steht die Beschreibung der jeweiligen Eigenschaften bzw. Aufgaben der Engel.

Etymologie: der, die Engel = Bote(n)
angelus (lat.), Mz. angeli
angelos (gr.), Mz. angeloi
malach (hebr.), Mz. malachim

Verwendete Abkürzungen (Sigeln) nach den Loccumer Richtlinien aus dem Alten und Neuen Testament:

Apg	*Apostelgeschichte des Lukas (NT)*
Dan	*Buch Daniel (AT)*
Ex	*2. Buch Mose (AT)*
Ez	*Ezechiel (AT)*
Gen	*1. Buch Mose (AT)*
Hebr	*Brief des Paulus an die Hebräer (NT)*
Jes	*Buch Jesaja (AT)*
Joh	*Evangelium nach Johannes (NT)*
Kol	*Brief des Paulus an die Kolosser (NT)*
1 Kön	*1. Buch der Könige (AT)*
1 (2) Kor	*1. (2.) Brief des Paulus an die Korinther (NT)*
Lk	*Evangelium nach Lukas (NT)*
Mk	*Evangelium nach Markus (NT)*
Mt	*Evangelium nach Matthäus (NT)*
1 Mose	*1. Buch Mose (AT)*
Offb	*Offenbarung des Johannes (NT)*
Ri	*Buch der Richter (AT)*
Tob	*Buch Tobit (AT)*
Zech	*Buch Zechariah (AT)*

Zum Geleit

Wer, wenn ich schriee, hörte mich denn aus der Engel Ordnungen?
Und gesetzt selbst, es nähme einer mich plötzlich ans Herz:
ich verginge von seinem stärkeren Dasein.
Denn das Schöne ist nichts als des Schrecklichen Anfang,
den wir noch grade ertragen, und wir bewundern es so,
weil es gelassen verschmäht, uns zu zerstören. Ein jeder Engel ist schrecklich.
Und so verhalt ich mich denn und verschlucke den Lockruf dunkelen Schluchzens.

Rainer Maria Rilke (1875-1926) - Duineser Elegie I

Staunen und Verwunderung zugleich lösen diese Zeilen in uns aus. Und dennoch, bei tieferem Nachsinnen, scheinen sie uns gar nicht mehr so abwegig. Wird nicht gerade dieser Aspekt der Engel fast ausschließlich hervorgehoben, wenn das Neue Testament von ihren Erscheinungen vor den Menschen berichtet. So lautet die stets nötige Beschwichtigungsformel, mit der die Engel ihre Botschaften einleiten: „Fürchtet euch nicht!". Denn offensichtlich ist jede Engelerscheinung zuerst einmal Furcht erregend.

Auch die Tatsache, dass man die Gruppe der Engel die „himmlischen Heerscharen" nennt, weist auf diesen Charakter; sie sind eben durchaus wehrhaft, sie greifen ein in die Geschehnisse auf Erden, sie lenken die Schicksale der einzelnen Menschen aber auch von Menschengemeinschaften, ja sogar von Völkern und der ganzen Menschheit. Schützend und führend stehen sie nicht nur als so genannte Schutzengel den Kindern bei; auch wir Erwachsene dürfen uns ihrer Nähe bewusst sein. Von dieser hingebungsvollen Verbundenheit und Geduld der Engel spricht Christian Morgenstern in seinen Gedichten zum Engelthema. Wie die Engel unserer Mitarbeit bedürfen und wie sie leiden, wenn wir uns von ihnen abwenden. Wie sie stets mit unerschütterlicher Geduld auf unsere Zuwendung warten, um mit uns gemeinsam durchs Leben zu gehen.

10

Denn auch die Engel befinden sich, wie wir Menschen, in einer immerwährenden Entwicklung. Davon künden in zarter, heiterer, manchmal auch skurriler Weise die Engelbilder des Kunstmalers Paul Klee.

Doch trotz der intensiven Auseinandersetzung mit diesen Wesen in Kunst und Kultur haben wir die Engel heute weitgehend vergessen. Sie sind in unserem gegenwärtigen materialistisch-naturwissenschaftlichen Zeitalter an den Rand unseres Bewusstseins gerückt.

Angelika Dorothea Albrecht hat sich mit ihrem Engelbuch die Aufgabe gestellt, diese vergessenen Wesen, wieder in das Bewusstsein der Menschen zu heben.

Aus zahlreichen Quellen hat sie vieles zusammengetragen, um den Lesern ihres Buches die Augen und die Ohren zu öffnen und den Engeln ihren angemessenen Platz in den Herzen der Menschen wiederzugeben.

Advent 2014

Paul Gerhard

Pfarrer der Christengemeinschaft
Luwigsburg-Bietigheim

VORWORT

Im September 2013 hatte ich einen schweren Autounfall, bei dem ich großes Glück gehabt habe. Mir wurde klar, dass mein Schutzengel helfend zur Stelle war, und ich war unendlich dankbar, dass ich weiterleben durfte. Ich war zwar an dem Unfall nicht schuld, doch zeigte er mir, wie schnell sich alles im Leben ändern konnte. Ich erinnerte mich, dass mir schon in früheren Situationen mein Schutzengel helfend zur Seite gestanden hatte, und begann, mich wieder mehr mit ihm zu verbinden. Das verstärkte mein Interesse an der Engelwelt, und ich vertiefte mich immer mehr in die Angelologie, wie die Lehre von den Engeln heißt. Ich machte mich vertraut mit ihren Hierarchien, ihren Funktionen und ihren Aufgaben. Die unermessliche Vielzahl der Engel war für mich eine überraschende Erkenntnis, wusste ich doch bisher nur von der Existenz der biblischen Erzengel Michael, Raphael, Gabriel, Uriel und Luzifer.

Nach etwa einem halben Jahr hatte ich so viel Material gesammelt, dass ich daran dachte, ein Engelbuch zu schreiben. Kurze Zeit später fiel mir das Engelbuch „Pilgerfahrt zu Gott - Engelbotschaften für den Alltag" von Peter K. Keller in die Hände. Bei der Lektüre konnte ich auch meine letzten Zweifel ausräumen, was die Existenz und das Wirken der Engel auf Erden anbelangt. Ich nahm Kontakt zu Peter K. Keller auf, der mich in meinem Vorhaben bestärkte. Und so habe ich mit „Meinem Engelbuch" begonnen.

Im Verlauf seiner Entstehung fühlte ich immer wieder geführt und inspiriert. Da ich mich seit 30 Jahren mit der von Rudolf Steiner (1861-1925) gegründeten Anthroposophie beschäftige, die alle Bereiche des menschlichen Lebens einschließt - Erziehung, Ernährung, Medizin, Kleidung, Landwirtschaft, Religion - tauchen die Erkenntnisse dieser Menschenlehre immer wieder in den Kapiteln auf.

Als visueller Mensch habe ich zahlreiche Abbildungen der „Boten Gottes" eingefügt, um mir und den LeserInnen die Möglichkeit zu geben, sich besser mit den Engeln zu verbinden. Im Allgemeinen werden sie als vollkommene Lichtwesen von strahlender Schönheit beschrieben. Sie sind in ihrem Äußeren weder rein männlich, noch rein weiblich. Sie lassen jede

Art von Interpretationen zu, die meist aus dem Seelenleben des jeweiligen Künstlers entspringen. Dass sich vor allem in der esoterischen Engelmalerei viele Künstler zu Engelabbildungen mit weiblichen Konturen oder homosexueller Anmutung hinreißen lassen, mag so manchen Betrachter ansprechen, entbehrt aber jeder Grundlage. Am authentischsten wirken auf mich Darstellungen von Engeln in der Ikonen- und Mosaikmalerei. Am unverfänglichsten sind Symbole, Schriftzüge und Farbstrahlen. Einzig bei den Engeln, die mit Geburt zu tun haben, wie zum Beispiel Erzengel Gabriel, kann eine weibliche Darstellungsweise hingenommen werden. Wie schwer sich viele Künstler mit der Darstellung von Engeln getan haben und wohl noch immer tun, verdeutlicht eine Äußerung der russischen Malerin Margarita Woloschin (1882-1973), die nicht nur in anthroposophischen Kreisen Berühmtheit erlangte. Woloschin, die auch Schriftstellerin war, beschreibt ihren Kummer, einen Engel oder Erzengel zu malen: „Wie kann ich einen Engel oder Erzengel malen, wenn ich niemals einen gesehen habe? (…) Ich weiß nicht, wie sie aussehen. (…) Es war eine Übertragung von Naturalismus in ein anderes Reich. (…) Es war nicht klar für mich, dass die hierarchischen Wesen, die in und um uns aktiv sind, sich durch die intuitive Tätigkeit des Malens zeigen können."

Erst, als ich durch das Schreiben dieses Buches viel neues Wissen über die Welt der Engel verinnerlicht hatte, wagte ich mich nach fast einem Jahr an mein erstes Engelbild (Erzengel Chamuel, Abb. 24).

Während ich an dem Buch arbeitete, beschritt ich von Kapitel zu Kapitel einen Weg, der mich am Schluss zu der Erkenntnis brachte, dass wir mit den Engeln beten können. Sie tragen unsere Anrufungen und Bitten als Boten weiter in die geistige Welt und setzen sich an höchster Stelle für uns ein.

Ich wünsche den LeserInnen dieses Buches, dass es ihnen so geht wie mir und sie neuen Zugang zu unseren himmlischen Freunden finden.

Angelika Dorothea Albrecht
München, Dezember 2014

Kapitel 1

Die Entstehung der Engel

Im Anfang war das Wort
und das Wort war bei Gott,
und Gott war das Wort.

Joh 1,6

Wenn man sich mit der Angelologie, also der Lehre von den Engeln, beschäftigt, kommt man zwangsläufig an den Ursprung aller Dinge, nämlich die Erschaffung der Welt durch Gott. In den verschiedenen Glaubensrichtungen wird die Schöpfungsgeschichte in unterschiedlichen Versionen beschrieben. Allen Lehren gemeinsam ist jedoch das Prinzip der Offenbarung Gottes in der Schöpfung durch das Wort, den Logos, aus dem alles Geschaffene hervorgeht. (Vgl.: Joh 1,3)

Wie in den verschiedenen Religionen und Geistlehren die Erschaffung der Engel überliefert ist, soll nachfolgende Auswahl erhellen.

Altes Testament

Das 1. Buch Mose heißt für die Juden Bereshit („Im Anfang") nach dem ersten Wort, mit dem es beginnt. In der lateinischen Bibelübersetzung heißt es Genesis, weil es mit der Schöpfungsgeschichte beginnt. Es ist das erste Buch des jüdischen Tanach wie auch des christlichen Alten Testaments und damit das erste Buch der Bibel. Es beginnt mit Erzählungen von der Schöpfung der Welt.

Auf die Frage, wann die Engel erschaffen wurden, gibt die Bibel keine bestimmte Antwort. Es muss „im Anfang, als Gott Himmel und Erde erschuf" gewesen sein (Abb. 1). Wann dieser Anfang war, wird kein Wissenschaftler

Abb. 1   Geburt der Engel, 2007 - Jean-Pierre Méroz (geb. 1940 in Biel/Schweiz)
Der Künstler liebt und malt das Visionäre und öffnet damit sich selbst und dem Betrachter die Tore zwischen den Dimensionen. Auf seinen Wanderungen in den Schweizer Bergen und kanadischen Wäldern sowie auf seinen inneren Reisen entdeckt Jean-Pierre Méroz immer wieder verborgene Räume und Wesen, die beim Malen seine Hand führen, um sich auch uns zu zeigen.

jemals erforschen können. (…) „Alles, was geschaffen ist, wurde von Gott (in sechs Tagen) geschaffen, und zwar in der Person Seines Sohnes Christus („der Gesalbte") und für Ihn, und dazu gehören auch die unsichtbaren Dinge, es seien Throne oder Herrschaften oder Fürstentümer oder Gewalten. (Kol 1,16).

Die Engel sind mit ungeschlechtlichen Leibern bekleidete unsterbliche Geister, die alle durch einen unmittelbaren Schöpfungsakt ins Dasein gerufen wurden. (…) Als sie mit den Menschen in Berührung kamen, entfalteten sie ihre Fähigkeit, willkürlich Menschengestalt anzunehmen, plötzlich zu erscheinen und ebenso plötzlich wieder zu verschwinden. (…) „Alle Wege Gottes enden in der Leiblichkeit" (Friedrich Christoph Oetinger 1702-1782, führender württembergischer Theologe).

Die Heilige Schrift berichtet uns, dass ihre Zahl sehr groß ist. „Tausendmal Tausende dienten Ihm, und zehntausend mal Zehntausende standen vor Ihm" (Dan 7,10). „… sondern ihr seid gekommen zum Berge Zion und zur Stadt des lebendigen Gottes, dem himmlischen Jerusalem; und zu Myriaden von Engeln." (Hebr 12,22)

Quelle: Arno C. Gaebelein „Die Welt der Engel" S. 13/14

Eine der faszinierendsten Erscheinungen im Alten Testamten ist der mysteriöse „Engel des Herren" (hebr. Malach Jehovah) (Gen 16,7-14) oder „Engel Gottes" (Gen 21,17-19). Er unterscheidet sich von allen anderen himmlischen Boten, denn ihm werden gottähnliche Eigenschaften zugeschrieben.

Die Erscheinungen und Botschaften des Engels des Herrn sind ganz besonderer Art, und an allen Stellen seines Auftretens im Alten Testament wird er mit Gott gleichgesetzt, ohne dass darauf eine Zurechtweisung erfolgt (z.B. Gen 16,7 f.; Gen 22,11.14; Gen 48,15 f.; Ri 13,21.22; Zech 3,1 f.). Drei Beispiele vom Wirken des „Engels des Herrn" aus dem Alten Testament:

• „Der Engel des Herrn sprach zu ihr (Hagar): Deine Nachkommen will ich so zahlreich machen, dass man sie nicht zählen kann. Weiter sprach der Engel des Herrn zu ihr: Du bist schwanger, du wirst einen Sohn gebären und ihn Ismael („Gott hört") nennen; denn der Herr hat auf dich gehört in deinem Leid." (Gen 16,10-11)

- Der Engel des Herrn kämpft mit Jakob eine ganze Nacht lang. Als die Morgendämmerung heraufzieht, lässt Jakob ihn nur gegen einen Segen ziehen. Er erhält von dem Mann, der sich als himmlisches Wesen herausstellt, den Namen Israel („Gottesstreiter"), da er mit Gott und Menschen gerungen und gesiegt hatte (Gen 32: 28-30). Dies ist das letzte Mal im Alten Testament, dass ein Mensch körperlichen Kontakt mit Gott hat.
- Es war der Engel des Herrn, der zu Moses aus dem brennenden Busch sprach und sich selbst als Gott bezeichnete. Er forderte Moses auf, das Volk Israel aus der ägyptischen Gefangenschaft ins „Land, wo Milch und Honig fließen" zu führen (Ex 3,2 f.). Diese Befreiung etwa im 13. Jh. v. Chr. feiern die Juden jedes Jahr mit dem Pesachfest.

Einige Forscher des Alten Testaments sind der Meinung, dass in den Erscheinungen dieses „Engels des Herrn" Jesus Christus in seiner ersten Inkarnation von den Menschen erlebt wurde. Apostel Paulus bestätigte im Neuen Testament die Gegenwart von Jesus als eine Verkörperung von Israel in der Wüste Sinai (1 Kor 10,4). Dieser „Engel des Herrn" war jedoch niemand anderer als Erzengel Michael, der im Alten Testament die Interessen des jüdischen Volkes wahrnahm.

Nachdem die ersten Erzengel erschaffen worden waren - Luzifer („Der Lichtbringer"), Michael („Wer wie Gott?"), Gabriel („Die Kraft Gottes"), Raphael („Der Heiler Gottes") - wurde ihnen jeweils ein eigenes Fürstentum mit zahlreichen Engeln zugeteilt.

Wenn in der Bibel die Rede von den „sieben Söhnen Gottes" ist, versteht man darunter Christus, den zum König Gesalbten, sowie die sechs Söhne Gottes, die sich aus drei Fürstenpaaren zusammen setzen, darunter Erzengel Raphael: „Ich bin Raphael, einer von den sieben heiligen Engeln" (Tob 12,15). Eine andere Aussage bezieht sich auf die 7 Elohime als Schöpfergeister.

Christus und den Himmelsfürsten unterstanden mit der Zeit Legionen von Geistwesen. Die Apokryphen*) berichten, dass Luzifer sich gegen Gott auflehnte und die gleiche Führungsposition wie der von Gott zum König gesalbte Christus beanspruchte. Dies führte zur Spaltung der Engelwelt.

---

*) Apokryphen sind Texte des Alten und Neuen Testaments, die nicht in den biblischen Kanon aufgenommen wurden: entweder aus inhaltlichen Gründen, weil sie damals nicht allgemein bekannt waren, aus religionspolitischen Gründen (was soviel bedeutet, dass sie von den Kirchen unerwünschte Schilderungen und Thesen enthielten), weil sie erst nach Abschluss des Kanons entstanden sind oder weil ihre Autorität nicht allgemein anerkannt war. So verschwanden z.B. das „Evangelium der 12 Engel", das „Buch Henoch" und das „Buch Luzifer" sowie weitere apokryphische Texte im Auftrag der katholischen Kirche.

Ein Drittel aller Engel wählte die Seite des Aufrührers. Der Rest kämpfte unter Führung des Erzengels Michael - und gewann die Schlacht (Abb. 2). Durch diesen „Höllensturz" verloren die abtrünnigen Engel ihr göttliches Bewusstsein, ihr Leuchten und ihr Wissen von der Herrlichkeit der Himmel. Sie lebten in der Verbannung weiter in der Unterwelt.

In höherem Auftrag steht Luzifer für die Aufrechterhaltung der Polaritäten wie Licht/Schatten, Gut/Böse, Hell/Dunkel, Wahrheit/Lüge. Nur wenn der Mensch die Wahl hat zwischen Gut und Böse, kann er sich bewusst für das Gute entscheiden.

Vgl.: 17)

Auch die Versuchung Jesu nach seinem 40-tägigen Fastenaufenthalt in der Wüste, dient Gott dazu, ihn auf die Probe zu stellen, ob er den kommenden Anforderungen gewachsen ist. Satan erscheint und fordert Jesus zuerst auf, Steine in Brot zu verwandeln, damit er sich laben könne. Dann will er ihn dazu überreden, sich von den Zinnen des Tempels der heiligen Stadt zu stürzen. Als drittes fordert Satan Jesus auf, vor ihm niederzufallen und ihn anzubeten. Doch mit den Worten: „Weiche von mir, Satan!" zeigt Jesus, dass er ihn erkennt, womit er Satan schließlich vertreibt und Engel herbei kommen, um Jesus zu dienen. (Vgl.: Mt 4,1-11)

Abb. 2   Das Jüngste Gericht
Gustave Doré (1832-1883)
Illustration zur Offb 20,11:
Erzengel Michael im Kampf gegen
Luzifer und die abtrünnigen Engel

Die Rolle der Engel bei der Vertreibung von Adam und Eva aus dem Paradies

Im Jahr 1669 erschien das größte englische religiöse Epos „Paradise Lost" („Das verlorene Paradies") von John Milton (1608-1674). Den Höllensturz der gefallenen Engel, die Versuchung von Adam und Eva durch Luzifer/ Satan, den Sündenfall und die Vertreibung aus dem Garten Eden hatte Milton erblindet, verarmt und vereinsamt einige Jahre vor seinem Tod diktiert.

Miltons Text ist beeinflusst von der Bibel, von seiner eigenen puritanischen Erziehung und seinem religiösen Blickwinkel. Er beschreibt, wie nach dem Höllensturz sich Satan anbietet, die noch unbekannte Erde aufzusuchen, um herauszufinden, ob Gott die Menschen schon erschaffen hat. Der Mensch gilt als Gottes Lieblingsgeschöpf, und Satan will ihn verführen, um sich so an Gott zu rächen. Satan betritt den Garten Eden, wo er erfährt, dass es Adam und Eva verboten ist, die Frucht vom Baum der Erkenntnis zu essen. Er sucht daraufhin Eva im Schlaf auf, hockt sich einer Kröte gleich an ihr Ohr und versucht, in der schlafenden Eva durch einen Traum das Verlangen nach der verbotenen Frucht zu wecken. Er wird jedoch von Engeln gestellt und aus dem Garten Eden verjagt. Am nächsten Morgen erzählt Eva Adam von ihrem Traum, woraufhin Gott den Erzengel Raphael in das Paradies schickt, um die Menschen zu warnen und Adam die Geschichte von der Rebellion und dem Fall Satans zu erzählen. Satan schleicht sich erneut ins Paradies, wo er sich in eine Schlange verwandelt und Eva dazu bringt, den Apfel vom Baum der Erkenntnis zu kosten. Sie bringt den Apfel Adam, der aus Liebe zu ihr von dem Apfel isst, um ihre Schicksale aneinander zu binden. So verlieren sie ihre Unschuld. Die beiden Höllentorwächter Sünde und Tod erscheinen und Gott schickt den Erzengel Michael mit weiteren Engeln, um Adam und Eva aus dem Paradies zu vertreiben. Zum Trost erhält Adam von Michael einen Einblick in die Zukunft bis zum Jüngsten Gericht und Eva einen Traum, der besagt, dass das verlorene Paradies wiedergewonnen werden kann. Adam und Eva verlassen das Paradies (Abb. 3), das hinter ihnen in Flammen aufgeht.

Vgl.: Milton, John: Das verlorene Paradies

Abb. 3 (oben)   Die Schöpfung und die Vertreibung aus dem Paradies
Giovanni di Paolo (geb. um 1403, gest. 1482)

Abb. 4 (links)   Die 10 Sephiroth und 22 Pfade
Kabbalistischer Lebensbaum nach Isaak Luria (1534-1572)

Abb. 5 (rechts)   Avalokiteshvara
Relief aus Jiuhuashan/China, Prov. Anhui

אין סוף
Kether
כתר
Binah
בינה
Chokmah
חכמה
Da'ath
דעת
Geburah
גבורה
Chesed
חסד
Tifereth
תפארת
Hod
הוד
Nezach
נצח
Jesod
יסוד
Malkuth
מלכות

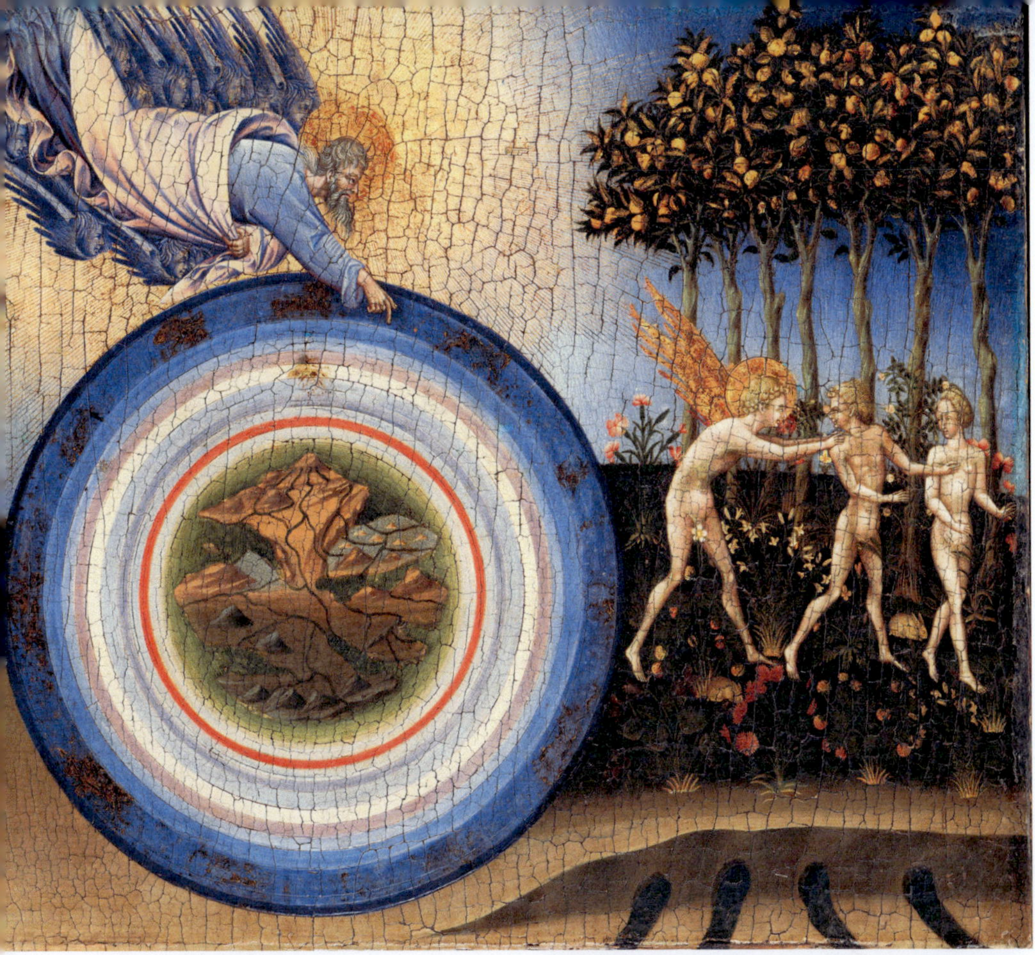

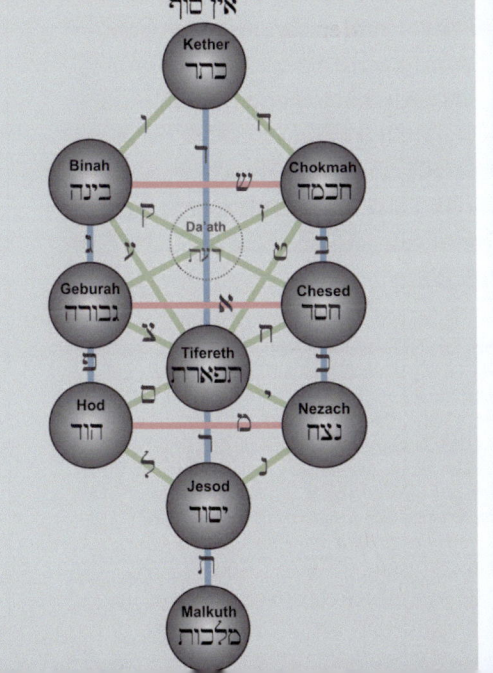

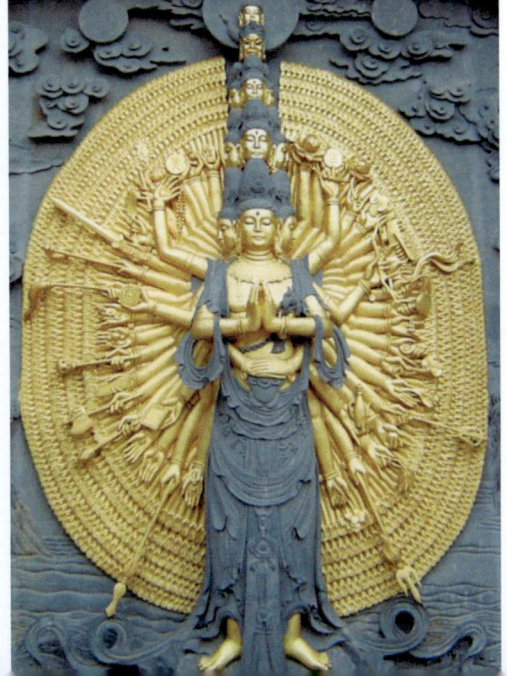

Orthodoxe Glaubenslehre

Nach Auffassung der orthodoxen Kirche waren alle Engel der erste Schöpfungsakt Gottes. Der Montag in der Woche gilt als erster Tag der Schöpfung; deshalb werden jeden Montag auch alle Engel geehrt. Die orthodoxe Kirche hat außerdem einen Gedenktag für alle Engel und Erzengel, der am 8. November begangen wird. Dieser Tag wird als „Synaxis" bezeichnet, was „zusammen kommen, um jemanden zu ehren" bedeutet. Nach dem römischen Kalender ist November der neunte Monat, was der Anzahl der neun Engelchöre entspricht. Die zweite Ankunft Jesus Christus, bei der Christus die Welt richten wird, wird im orthodoxen Glauben als der achte Tag bezeichnet. Dabei begleiten ihn die Engel (Mt 25,31). Deshalb wurde gerade der 8. November ausgewählt.

Zit. nach Apostolos Malamoussis, Erzpriester des Ökumenischen Patriarchats und Bischöflicher Vikar in Bayern der Griechisch-Orthodoxen Metropolie von Deutschland, München.

Die sieben mosaischen Schöpfungstage

In ihrem Werk „UR-Ewigkeit in Raum und Zeit" beschreibt die Seherin Anita Wolf (1900-1989) die Erschaffung der sieben Ur-Erzengelpaare durch die Gottheit UR während der sieben mosaischen Schöpfungstage. Diese jeweils aus einem Seraph und einem Cherub bestehenden Ur-Erzengelpaare bildeten gemeinsam mit dem zuvor erschaffenen ersten Schöpfungskind Sadhana (Satanael, später Satan) den inneren Schöpfungsring um den Thron der Gottheit UR. Und Sigfriede Ebensperger-Coufal illustriert in einer ihrer 57 graphischen Darstellungen (Bild 26, 1973/78) Anita Wolfs tiefe Offenbarung, dass „Christus von Gott in der 3. Stunde des 6. Tages vor Raphaels Haus der Liebe (…) als Sohn Gottes entsandt wurde." Diese Aussage verweist auch auf den Galaterbrief 4,4: „Als aber die Fülle der Zeit gekommen war, entsandte Gott seinen Sohn…" *)

*) Im Gesamtwerk von Anita Wolf wird erläutert, dass es sich beim Sohn Gottes im Grunde um Gott selbst handelt (vgl. auch meine Ausführungen von Herrn Wurmbrand auf Seite 111: »Der einzige Ausdruck für ‚göttlich' ist ‚Sohn Gottes'«). Im Alten Testament (Jes. 7,14; Jes. 9,5-7) findet sich eine bemerkenswerte Prophezeiung, dass „der Name des Kindes, das geboren werden sollte, des Sohnes, der gegeben werden würde und der auf dem Thron Davids sitzen und von da an Herrschaft ausüben würde, Immanuel (= Gott mit uns) heißen würde". Der Name, der wahre Charakter und das Wesen dieses Sohnes bedeuten in seinen fünf Charakterzügen („Wunderbarer", „Berater", „Starker Gott", „Vater der Ewigkeit", „Friedefürst" - vgl. Jes. 9,5) im Grunde nichts anderes als das Wort GOTT.

An sieben Schöpfungstagen entstanden folgende Ur-Erzengelpaare:

1. **Uraniel / Urea**: Ordnung (Symbol: Waage).
Die Ordnung ist Grundträger allen Seins, denn die Ordnung setzt den Rahmen.

2. **Michael / Elya**: Wille (Symbol: Schwert).
Der Wille ist Grundträger aller Entwicklung, denn Entwicklung
heißt Ausdehnung.

3. **Zuriel / Helia**: Weisheit (Symbol: Sichel).
Die Weisheit ist der Ausgleich allen Seins, denn die Weisheit prüft die Reife.

4. **Muriel / Pargoa**: Ernst (Symbol: Kelter = Weinpresse).
Der Ernst der Ernte in allem Sein, denn im Ernst ist die Reife geprüft.

5. **Alaniel / Madenia**: Geduld (Symbol: Kelch).
Die Geduld ist die Trägerin der Entwicklung.

6. **Raphael / Agralea**: Liebe (Symbol: Kreuz).
Die Liebe durchdringt alle Bereiche der Schöpfung und belebt sie.

7. **Gabriel / Pura**: Barmherzigkeit (Symbol: Krone).
Die Barmherzigkeit umhüllt alle Bereiche der Schöpfung und vollendet sie.

Vgl.: 02)

Die 10 Sephiroth und 22 Pfade im kabbalistischen Lebensbaum

In der jüdischen Kabbalah - eine mystische, mündlich überlieferte Tradition des Judentums, deren Wurzeln sich im Tanach, der Heiligen Schrift des Judentums, finden - spiegeln verschiedene Modelle des Lebensbaums (Abb. 4) die Schöpfung zugleich im Mikro- und Makrokosmos. Die Abfolge der Ziffern 1 (Kether) bis 10 (Malkuth) ergibt die Struktur des kabbalistischen Lebensbaumes. Die zehn Sephiroth (Einzahl Sephira) ergeben ein dynamisches Modell der Bewegung von Gegensatzpaaren, die auf der mittleren Achse einen Ausgleich erfahren. Den zehn Sephiroth (= Einweihungsengel) werden sämtliche Inhalte der irdischen und göttlichen Welt systematisch zugeordnet. Dazu gehören tiefgründige Deutungen der hebräischen Bibel, Farben, Formen, hebräische Buchstaben, Engel, Welten, Körperglieder. Die zehn Sephiroth entsprechen den Erzengeln Metatron, Raziel, Zaphkiel, Zadkiel, Chamuel, Michael, Rafael, Uriel, Gabriel, Sandalphon.
Vgl.: 31)

Bezieht man den Lebensbaum auf den irdischen Menschen, so entspricht die rechte Seite der rechten Körperhälfte, die linke Seite der linken Körperhälfte - es ist also ein Bild des Menschen, wie es von hinten bzw. aus der Eigenperspektive gesehen wird. (…) Rudolf Steiner hat darauf hingewiesen, dass die 10 Sephiroth Buchstaben eines geistigen Alphabets sind, das uns tiefe Einblicke in das Wesen des Menschen geben kann.
Vgl.: 10)

Metat(h)ron (1. Sephira - Kether = Krone)
„Deinem Thron nahestehend", „Gegenwart oder Angesicht Gottes"

Raziel (2. Sephira - Chockmah = Göttliche Weisheit)
„Das Geheimnis Gottes", „Einer, der von Gott ausgesandt ist"
Chockmah ist die erste Emanation von Kether und enthält alle Elemente,
Buchstaben und Zahlen, deren Gott sich bedient hat, um das Universum
zu erschaffen.

Zaphkiel (Cassiel) (3. Sephira - Binah = Kosmische Intelligenz)
„Der Betrachter Gottes", „Anbetung Gottes"

Zadkiel (Zachariel) (4. Sephira - Chesed = Güte)
„Der Tröster Gottes", „Der Gerechte Gottes"

Chamuel (Samuel, Camael) (5. Sephira - Geburah = Stärke)
„Der Gestrenge Gottes", „Das verbrennende Feuer Gottes"

Michael (6. Sephira - Tiphereth = Schönheit, Selbst)
„Der Stellvertreter Gottes", „Wer wie Gott?"

Raphael (7. Sephira - Netzach = Ewigkeit)
„Der Heiler Gottes"

Uriel (Anael) (8. Sephira - Hod = Herrlichkeit)
„Das Licht Gottes", „Feuer Gottes"

Gabriel (9. Sephira - Yesod = Fundament, Ich-Bild)
„Der starke Mann Gottes", „Gottes Stärke"

Sandalphon (10. Sephira - Malkuth = Königreich, Welt) - Planet Erde
„Der Gärtner Gottes"; wörtl.: „Der Ton, den die Sandale verursacht
beim Gehen auf der Erde"

In christlichen Interpretationen des kabbalistischen Lebensbaums findet über die Weisheitstradition eine Gleichsetzung nicht nur von Malkuth und Schechina (ungefähre Bedeutung: „Gegenwart Gottes bei den Menschen"), sondern auch von Chokhma (griech. Sophia) und Schechina statt. (…) Schechina und Sophia können zwar nicht per se gleichgesetzt werden, personifizieren aber beide die weibliche Dimension Gottes (= Heiliger Geist), die sowohl der Schöpfung als auch der Erlösung innewohnt.

Maria, die Mutter Jesu, wurde von ihren Eltern Joachim und Anna schon als Dreijährige in den Tempel gebracht, wo sie als Tempeldienerin in die Mysterien der weiblichen Dimension Gottes eingeweiht wurde. Diese Mysterien wurden dem jüdischen Volk über viele Generationen von erleuchteten Menschheitsführern übermittelt, die der Welt die wahren, ursprünglichen Lehren Gottes überbrachten, die sie selbst von den Engeln erhalten hatten. Später, lange nachdem diese Mysterien aus den Tempeln verschwunden waren, traf sich Maria im Verborgenen mit einem kleinen Kreis von Menschen, mit denen sie diese Überlieferungen bewegte und so dafür sorgte, dass die zentrale Energie der Liebe hier auf Erden weiter wirken konnte.
Quellen: 28), 29)

Hinduismus

Der Hinduismus sieht das Universum in einem ständigen Zyklus aus Erschaffung, Erhaltung, Vergehen und Wiedererschaffung. Als Erschaffer wird dabei der Gott Brahma verehrt, während die anderen beiden Hauptgötter Vishnu und Shiva für das erhaltende, bzw. zerstörerische Element stehen. Brahma, Vishnu und Shiva entsprechen Gott Vater, Gottes Sohn und Heiliger Geist der westlichen und orthodoxen Religionen. Engel im christlichen Sinne gibt es im Hinduismus nicht, sondern überirdische Wesenheiten (z.B. „Devas"), die ausgesprochene Schutzfunktionen einnehmen.

Der eigentliche Schöpfer ist ein Brahma noch übergeordnetes Wesen - die Seele des Universums, die immer da war und immer da sein wird.
Vgl.: 26)

Buddhismus

Der Buddhismus, der sich auf die Lehren des zum Buddha gewordenen Siddharta Gautama (563-483 v. Chr.) beruft, kennt weder Himmel noch Hölle. Nicht das ewige Leben verspricht er, sondern Erlösung durch Selbsterkenntnis. Engel finden sich nicht im Buddhismus. Es gibt aber Avalokiteshvara, der im Mahayana-Buddhismus das Erleuchtungswesen (Bodhisattva) des universellen Mitgefühls ist. Avalokiteshvara hört alles, sieht alles und hilft. Er wird meist als elfköpfige Figur dargestellt mit einem Strahlenbüschel von tausend Armen, deren Handinnenflächen mit jeweils einem Auge versehen sind (Abb. 5). In Tibet ist es Chenrezig, der als Schutzpatron des Landes gilt. Die weibliche Form ist in Indien Manipadma, in Japan Kannon, in Vietnam Quan Âm und in China Guan Yin.

Zoroastrismus

In der von Zarathustra (2. oder 1. Jahrtausend v. Chr.) gestifteten persischen Religion, ist Ahura Mazda der Schöpfergott, der zuerst die geistige Welt (Menok) und dann die materielle Welt (Geti) erschaffen hat; er verkörpert die Macht des Lichts, ist Schöpfer und Erhalter der Welt und der Menschheit und ist der Gott der Fruchtbarkeit der Lebewesen. Das Lob des Gottes Ahura Mazda als Schöpfer der Welt ist in der Yasna, der wichtigsten Schrift der Avesta (Heiliges Buch der iranischen Religionsstifter), zu finden. Im Buch Vendidad (ca. 800 n. Chr.) wird der Machtkampf des guten Gottes Ahura Mazda mit den „Gegengöttern" Ohrmazd und Ahriman thematisiert. Die Religion Zarathustras ist stark monotheistisch; der Kampf zwischen Gut und Böse prägt den Glauben. Zarathustras Lehren sind während der Jahrzehnte dauernden Beendigung des Babylonischen Exils, als der Staat Israel mit der Unterstützung Persiens neu gegründet wurde, auch in das Judentum eingeflossen. Speziell die Begriffe Himmel und Hölle waren im Judentum vorher unbekannt. Engel sind auch im Zoroastrismus bekannt.

Sie werden dort Malakhim und Daeva genannt. Auch die in diese Zeit fallende Konkretisierung der Endzeiterwartung geht wahrscheinlich auf die zoroastrische Lehre zurück, nach der Gott Ahura Mazda dem Teufel Ahriman nur eine Zeit von dreitausend Jahren zugesteht, sein Unwesen zu treiben, und verspricht, sein ursprünglich perfektes Reich danach wieder herzustellen.

Vgl.: 30)

Engel im Islam

Im Koran finden sich folgende Hinweise zu den Engeln: Ihre Anzahl ist riesig. Nur Allah kennt sie. Er hat sie aus Licht erschaffen und ihnen das Gute eingepflanzt. Sie kennen nichts Schlechtes und widersetzen sich ihm nicht. Sie lobpreisen Allah, den Majestätischen, Tag und Nacht.

Die fünf Erzengel von Lemuria

Der Kontinent Lemuria, der sich im heutigen Gebiet des Pazifischen Ozeans befand, existierte von 90.000 bis 30.000 v. Chr. Andere Quellen sagen, dass Lemuria bereits vor einer Million Jahren existierte und 25.000 v. Chr. unterging. Von dort wird folgende Entstehungsgeschichte überliefert: Die fünf Erzengel entstanden nach der Erschaffung des Menschen, da sich diese sehr schnell entwickelten und deshalb bald gelehrt werden mussten, wie sie auf einer physischen Ebene überleben konnten. (…) Die fünf Erzengel sollten über die Menschheit wachen. Sie repräsentierten die fünf Elemente und ihre energetischen Eigenschaften:

1. **Erzengel Uriel** lehrte den Menschen die Geheimnisse der Materie, des Tier- und Pflanzenreichs sowie der Steine.
2. **Erzengel Raphael** lehrte die Menschheit, wie sie miteinander und mit den anderen Lebewesen ihrer Welt kommunizieren konnten. Außerdem brachte er den Menschen bei, wie sie Inspiration erkennen konnten, selbst schöpferisch zu sein und wie sie heilen konnten.
3. Gott schuf **Erzengel Michael**, der den Menschen die Leidenschaft und später auch die Sexualität gab. Er lehrte, wie sich die Menschen vor den Elementen und vor feinstofflichen Kräften schützen konnten, die noch wild und ungebändigt auf der Erde herrschten.
4. Gott erschuf **Erzengel Gabriel**, der die Menschen Liebe, Träume, Reinigung, Vergebung lehrte und die bedingungslose Natur der Schönheit näher brachte.
5. Der fünfte Engel, der durch Gottes Gnade erschaffen wurde, war **Erzengel Azrael**, der Engel des Geistes, der Transformation, der Wiedergeburt und des Todes.

Vgl.: Edwin Courtenay: Reflexionen. Die Meister erinnern sich, S. 18/19

Kapitel 2

DIE HIMMLISCHEN HIERARCHIEN

„Die Ordnung unserer Psyche und unseres Körpers
steht in Verbindung mit der Ordnung des Alls."
Rupert Sheldrake (geb. 1942)

Der syrische Mönch Pseudo-Dionysius Areopagita*) verfasste 500 n. Chr. sein Buch „Über die himmlischen Hierarchien", wobei das Wort von griechisch „hieros" = heilig abgeleitet war. Darin diskutiert er die neun Engelordnungen als Mittler zwischen Gott und den Menschen. Folgendes Zitat drückt seine Weisheit über die Angelologie, wie die Lehre von den Engeln heißt, aus: „Die biblische Überlieferung über die Engel spricht von Tausend mal Tausend und Zehntausend mal Zehntausend, multipliziert also die höchsten geläufigen Zahlen mit sich selbst. Sie gibt dadurch klar zu erkennen, dass die Ordnungen der himmlischen Wesen für uns unzählbar sind. Zahlreich sind nämlich die seligen Heerscharen der Gedanken jenseits unserer Welt. Ihre Zahl übersteigt das schwache und beschränkte Maß der in unserer materiellen Welt verwandten Zahlen."

Hildegard von Bingen (1089-1179), benediktinische Äbtissin im Rheinland, war Autorin von zehn Büchern über ganzheitliche Gesundheit bis zu Pflanzen, Bäumen, Steinen und Fischen, über Theologie, Kosmologie und Naturwissenschaft. Sie war bekannt für ihre Heilungen, ihre Buchmalereien und ihre Musik; sie komponierte unter anderem das erste Musikspiel des Abendlandes und gregorianische Gesänge. Sie war

---

*) Der um das 1. Jahrhundert geborene und gestorbene Dionysius Areopagita war ein von Apostel Paulus bekehrter Grieche und Beisitzer des Areopags = Oberster Rat von Athen (s. Apg 17,34)

Dichterin, Lyrikerin, Mystikerin, Prophetin. Ihre Weisheit der Angelologie war von persönlichen Erfahrungen inspiriert. Sie beschrieb den ganzen Kosmos als eine Gesamtschau von Gott und Mensch und verweist in ihrem 1151/52, im Alter von 42 Jahren verfassten 600-seitigen Werk „Scivias" auf die Engelchöre. Von den 26 Miniaturbildern ihrer Visionen, ist das Werk „Die neun Engelchöre" ihre sechste Schau. Aus ihrem Werk „Liber Vitae Meritorum" (1158-1163) stammt das Zitat: „Die Engel haben nicht wirklich Flügel wie Vögel, sondern sind eher wie Flammen, die in der Macht Gottes schweben."

Thomas von Aquin (1226-1274), Dominikanermönch und Theologie-Professor in Köln, Paris, Rom und Neapel, wollte die Botschaft der Offenbarung Gottes in einer systematisch geordneten Gesamttheologie seinen Zeitgenossen darlegen. Daher wird er der „Doctor Angelicus" genannt. In einem seiner zahlreichen Werke, der „Summa Theologiae" schrieb er, dass „die Existenz der Engel aus Gründen der natürlichen Vernunft einsichtig ist: Da der menschliche Intellekt aus den leiblichen Sinneswahrnehmungen gespeist wird und es unterhalb des Menschen Lebewesen ohne Intellekt gibt, muss es auch oberhalb des Menschen intellektuelle Wesen ohne Leib geben, da die Unvollkommenheit in einer Art stets auf ein Vollkommeneres verweist." Thomas sieht in jedem einzelnen Engel eine eigene Spezies, weil der Engel keine Materie hat. Die Engel haben von Gott Sein und Geist erhalten. Sie erkennen nicht wie wir Menschen in logischen Schlussfolgerungen, sondern durch Erleuchtungen mittels stellvertretender Bilder der Dinge oder Offenbarungen Gottes. Für Thomas von Aquin sind Engel und Mensch grundlegend verschieden im Sein und in der Erkenntnis. Daher ist auch die Beziehung zwischen Mensch und Engel auf ein Minimum eingeschränkt.

Die neun Engelchöre

Der Ausdruck Chor (gr. choros = Tanz oder Tanzplatz) bezeichnet in der Antike den an die Gottheit gerichteten Kulttanz oder -gesang und auch die Tanzschar. Da man sich bereits in der christlichen Literatur der ersten Jahrhunderte das Wirken der Engel im Kosmos als harmonisches Zusammenspiel vorstellte, lag es nahe, die Engel schon sehr früh in „Chöre" einzuteilen.
Quelle: Heinrich Krauss: Kleines Lexikon der Engel, S. 47

Es gibt neun Engelchöre, die in drei Triaden aufgeteilt sind (Abb. 6a und 6b). Die Engelhierarchien der ersten und zweiten Triade (Dreiheiten) sind primär auf Gott ausgerichtet. Sie sind Gestalten der Anbetung und Verherrlichung des dreifaltigen Schöpfers. Sie sind aber auch Repräsentanten und Spiegel der göttlichen Herrlichkeit und des göttlichen Willens.

In der dritten Triade finden sich die Erzengel und Engel, die als himmlische Boten insbesondere auch auf den Menschen ausgerichtet sind.

Viele der Engel haben mehrere Ämter gleichzeitig inne und gehören dadurch auch mehreren „Klassen" an. So finden wir zum Beispiel Erzengel (8. Stelle) auch in den Rängen der Seraphim (1. Stelle) und Cherubim (2. Stelle).

Die Engel, denen wir unsere Fragen stellen und Bitten senden, finden wir auf der 8. und 9. Ebene. Engel der höchsten Ebenen kommen nur selten zu uns, denn es sind enorm starke Energien. Mit unserem niedrigen Schwingungslevel können wir diese nur „portionsweise" aushalten. Je höher die Ebene in der Hierarchie, desto näher stehen die Engel dem Schöpfer bzw. Gott deines Herzens.

Abb. 6a (oben)   Mariä Aufnahme in den Himmel - Francesco Botticini (1446-1497) Maria und Jesus sind von den in drei Stufen eingeteilten neun Engelchören umgeben.

Abb. 6b (unten)   Die neun Engelchöre - geschaut von Hildegard von Bingen (1098-1179) Neun Chöre der Engel schwingen sich im vollendeten Kreisrund um die „leere" Mitte, den unsichtbaren Gott, der im unzugänglichen Licht wohnt. (Vgl. 1. Buch der Könige 8,12)

Die Scharen der Engel gliedern sich in drei Hauptordnungen (Hierarchien), die jeweils wieder aus 3 Chören bestehen. Wir kommen somit also auf 3 x 3 = 9 Engelchöre.

1. Die Seraphim

„Geister der Liebe"

Führender Erzengel:
Metatron

- steuern die Bewegungen der Himmel, wie sie von Gott ausgehen
- besitzen reinigende und Licht spendende Kräfte

2. Die Cherubim

„Geister der Harmonie"

Führender Erzengel:
Raziel (Raguel)

- sind die Schutzengel des Lichtes und der Sterne
- besitzen die Kraft der Allwissenheit

3. Die Throne

„Geister des Willens"

Führender Erzengel:
Zaphkiel (Cassiel)

- gelten als die Träger des Universums
- verkörpern die göttliche Majestät
- sind die Hüter der Welten
- sind Begleitengel jeweils eines Planeten

Engel, die als himmlische Verwalter dienen

4. Die Herrschaften

(Kyriotetes - Betonung: Kyriótetes)

„Geister der Weisheit"

Führender Erzengel:
Zadkiel (Zachariel)

- vertreten den Willen Gottes
- strahlen in massiven Schüben göttliche Energie aus
- je mehr Menschen bereit sind, mit ihnen zusammen zu arbeiten, um so größer wird der Anteil der spirituellen Energie sein, die dem Planet Erde zur Verfügung steht

5. Die Mächte (Tugenden)

Dynameis (Betonung: Dynámeis) (Weltenkräfte)

„Geister der Bewegung"

Führender Erzengel:
Michael

- senden uns die Vision eines weltumspannenden spirituellen Netzwerkes
- hüten die kollektive Geschichte der Menschheit
- begleitende Engel von Geburt und Tod

6. Die Offenbarer

(Gewalten) - Exusiai (griech.) - Elohim (hebr.)

„Geister der Form"

Führender Erzengel:
Chamuel (Samuel, Camael)

- streben die wahre Meisterschaft an
- symbolisieren die göttliche Macht über die gesamte Schöpfung
- steuern die Aktivitäten aller Engelgruppen

7. Die Fürstentümer (Archai, Principatus)

„Geister der Persönlichkeit", „Zeitgeister", „Urbeginne"

Führender Erzengel: Uriel (Anael)

- sind die Beschützer der Menschheit,
- der Städte,
- Nationen,
- der Herrscher und Führer der Menschen.

8. Die Erzengel (Archangeloi)

„Feuergeister", „Volksgeister"

Führender Erzengel: Raphael

- befassen sich mit größeren Bereichen der menschlichen Belange
- sind die Führer der Engel

9. Die Engel (Angeloi)

„Söhne des Lebens", Schutzengel

Führende Erzengel: Chamuel, Gabriel, Jophiel, Michael, Uriel, Zadkiel

- stehen dem Menschen am nächsten
- sind die Lichtwesen die die göttlichen Mysterien offenbaren
- Innerhalb der himmlischen Heerscharen haben sie keinen speziellen Rang oder besondere Aufgaben

Quellen: 16), Hans-Werner Schroeder: Mensch und Engel

I. Triade - durch diese erste Hierarchie wirkt der Vatergott

1. Engelchor: Die Seraphim - „Geister der Liebe"

Die Seraphim (hebräischer Plural) oder Seraphe (Singular: der Seraph) gehören der höchsten Himmelsordnung an, da sie Gott, dem Ursprung, am nächsten sind. Sie sind die Engel des höchsten Lichtes und der Liebe, des göttlichen Feuers. Es ist die Ekstase der Schöpfung. Schwingt man sich in ihre Energie ein, so wird man überströmt von überfließender Freude, Liebe und Licht. In der Bibel tragen die Seraphim eine glühende Kohle, mit der sie Jesajas Lippen berühren, damit er rein wird. Von ihnen klingt immerwährender göttlicher Lobgesang. Ihr Klang lässt die gesamte Schöpfung schwingen, und die Menschen können mitgezogen werden wie in einer Glut von Begeisterung und Liebe. Fast erscheint es, als würden wir selbst zum Licht. In dieser Kraft ist es schwer, sich wieder auf den Körper einzustellen.

Nach Jesaja ((Jes 6,1-7) besitzen die Seraphim sechs Flügel oft voller Augen sowie ein Gesicht, Hände und Füße. Sie gehören - so die außerbiblische Überlieferung - zur 1. Ordnung der Engelchöre. In der Kunst wurden die Seraphim vielfach als sechsflügelige menschenähnliche Wesen dargestellt, teilweise auch als Wesen, die nur aus Flügeln bestehen, so etwa in der Kuppel der Sophienkirche Hagia Sophia in Istanbul/Türkei. Der Gesang der Seraphim gehört als Teil des Sanctus zu allen traditionellen christlichen Messliturgien, darunter auch zur Feier der Heiligen Messe nach dem römischen Ritus.

Die Apokalypse des Johannes greift die Vision Jesajas auf (vermischt mit der Thronwagenvision aus Ez 1) und spricht ebenfalls von sechsflügeligen Wesen um den Thron Gottes (Offb 4,1-11).

Franziskus von Assisi empfing der Überlieferung nach die Stigmata durch einen Seraphen (Abb. 7). Deshalb lautet der Beiname des Heiligen auch „Seraphicus". Auch werden die Orden der Franziskaner und Klarissen, deren Entstehung auf ihn zurückgeht, „seraphische Orden" genannt.

Vgl.: 32) Textadaption der Wikipedia-Kapitel „Seraph", „Gestalt" und „Abgeleitete Namen".

2. Engelchor: Die Cherubim - „Geister der Harmonie"

Die Cherubim sind die „Hüter des Gartens Eden". Mit flammenden, blitzenden Schwertern bewachen sie den Weg zum „Baum des Lebens" (1 Mose 3,24). Sie hindern Menschen, die noch nicht bereit und reif dafür sind, ins Paradies, in die Einheit zu gelangen. Aber sie stellen auch die Verbindung für den Menschen zur Einheit her.

Ein Cherub (im Plural Cherubim, deutsch auch Cherubinen oder Cheruben) ist im Alten Orient und im Alten Testament ein geflügeltes Mischwesen, zumeist mit Tierleib und Menschengesicht. Die Kombination von Merkmalen verschiedener menschlicher und tierischer Eigenschaften verleiht dem Wesen übernatürliche Kraft. Der Cherub kann sowohl kultische Schutzfunktion besitzen oder auch als Träger (Thron) dienen. Vgl.: 23)

Den Cherubim wird das geflügelte Wesen Tetramorph zugeordnet (Abb. 8). Es erscheint als Viergetier mit den Eigenschaften eines Menschen, Stiers, Adlers und Löwen. Dieses Wesen liegt auch den vier Evangelistensymbolen und dem Symbol der Sphinx zugrunde.

Lit.: Rudolf Steiner: GA 107, S. 240 ff.

3. Engelchor: Die Throne - „Geister des Willens"

Die Throne (Abb. 9) sind Engel des Lebens: Sie stehen, Säulen oder Riesen gleich, an ihrem Platz, und ihre Arme sind wie ungeheure goldene Torflügel, um das Leben aus Gott aufzufangen, das über ihr Angesicht strömt wie Wasser und Feuer, wie Licht und Glut und das sie hinunter gegen die Schöpfung zu als „Werde!", als Leben durch die Gnade Gottes, weitergeben.
Quelle: 21)

Sie sind ferner die „Hüter der Welten" und haben in ihren Aufgabenbereichen, Gottes Gerechtigkeit unter die Menschheit zu bringen.
Quelle: 01)

Manchmal werden die Throne gleichgesetzt mit den im apokryphen Buch Henoch beschriebenen Ophanim, die die Räder des Thronwagens Gottes sind, wie sie ähnlich auch in der Apokalypse des Daniel (Dan 7,9) und in der Vision des Hesekiel (Hes 1,1) geschildert werden.
Quelle: 07)

Während die ersten beiden Chöre der Seraphim und Cherubim noch ein jubelndes Einssein der Geschöpfe mit Gott durch die Liebe wie durch die Kraft der Weisheit darstellen, haben die Throne schon ein doppeltes und klar ausgeprägtes Hinschauen hinauf zu Gott wie hinab zur Schöpfung. So bilden die ersten drei und sieben Throne förmlich den Thron hinauf in die innerste Herrlichkeit der Unfassbarkeit Gottes und die anderen drei und sieben Throne den Thron der Herablassung Gottes in der Schöpfung, hinabschauend bis in die Tiefen des gebrochenen Menschen.
Quelle: 21)

Abb. 7 (links)   Ein Seraph übergibt die Wundmale an Franziskus von Assisi (Ausschnitt)
Altarbild von Joseph Zenker (1832-1907)

Abb. 8 (rechts)   Tetramorph (16. Jh.)
Erzengel der Cherubim mit den Eigenschaften eines Menschen, Stiers, Adlers und Löwen

Abb. 9 (unten)   Throne aus dem „Engelszyklus" (1843-45) - Edward von Steinle (1810-1886)
Köln, Dom, „Engelszyklus" (1843-45), D14 - D15: Throne, Ansicht von Süden

II. Triade - durch diese zweite Hierarchie wirkt der Gottessohn

4. Engelchor: Die Herrschaften (Gewalten), Kyriotetes (Weltenlenker)
„Geister der Weisheit"

Die Herrschaften regeln die Pflichten der unter ihnen stehenden Engel-klassen. Sie sind von majestätischer Würde - weshalb sie oft mit Zepter dargestellt werden - jedoch herrschen sie keinesfalls tyrannisch. Die Energie der Herrschaften ist reine Gnade. Sie verzeihen alles und bringen die gött-liche Gnade auf die Erde. Zu ihren regierenden Fürsten zählen Zadkiel (Zachariel) und Terathel.

5. Engelchor: Die Mächte (Tugenden), Dynameis (Weltenkräfte)
„Geister der Bewegung"

Die Mächte sind bildende, gestaltende und ordnende Kräfte. Sie lassen sich leiten und inspirieren von den über ihnen stehenden Weltenlen-kern, die dafür sorgen, dass, was so geordnet und gestaltet ist, zu einem sinnvollen, weisheitsvoll gefügten Ganzen, einem „Kosmos" wird. Sie spiegeln die Ideale der Tugenden wider, indem sie bei Helden die Kraft und bei Heiligen die Gnade hervorrufen. In der Kabbalah sind sie als Malachim und Tarshishim bekannt. Zu ihren Regenten zählen u.a. Chamuel, Barbiel und Hamaliel.

6. Engelchor: Die Offenbarer (Gewalten), Exusiai (griech.), Elohim (hebr.)
„Geister der Form"

Die Offenbarer sind die Schöpfer und Erhalter der festgefügten physi-schen Formen. Sie sind jene geistigen Kräfte, die aus dem Raumlosen das Räumliche gestalten und die geistigen Kräfte aus der Ewigkeit in die zeit-liche Entwicklung hinüberleiten. (Rudolf Steiner: GA 184, S. 207 ff.)
Sie offenbaren das weisheitsvolle Gefüge des jeweiligen Wesens - der Mensch, der Löwe, die Rose - als Wesen seiner Besonderheit. Mit-tels ihrer Autoritäten verwirklichen sie regelmäßig die göttlichen Pläne,

damit die Einzelwesen Struktur und Form bekommen, die gleichzeitig weisheitsvoll einem Ganzen eingegliedert sind. (Hans-Werner Schroeder: Mensch und Engel, S. 19/20)

Als Elohim leiten sie die irdische Entwicklung von der Sonne aus. Jahve, einer der sieben Elohim, hat später den Mond zum Wohnsitz genommen, um von hier aus die weitere Menschheitsentwicklung zu leiten. Es kam dadurch in der lemurischen Zeit zur Trennung von Erde und Mond. (Rudolf Steiner: GA 184, S. 207 ff.)

Die vierten, fünften und sechsten Hierarchen wirken zusammen, damit die Welt, in der wir leben, sich bilden und bestehen kann. (Hans-Werner Schroeder: Mensch und Engel, S. 19/20)

III. Triade - durch diese dritte Hierarchie wirkt der Heilige Geist

7. Engelchor: Fürstentümer, Archai (Urkräfte): „Geister der Persönlichkeit", „Zeitgeister", „Urbeginne" (lat. principatus)

Die Urkräfte weisen auf den Urbeginn der Schöpfung zurück (…). Sie sind Engel des Urbeginns. Die Zeit ist ihr Lebenselement. Gegenwärtig bilden sie als höchstes geistiges Wesenglied den Geistesmenschen aus. Als Zeitgeister geben sie die nötigen Impulse für ganze Kulturepochen. Als Geister der Umlaufzeiten regeln sie alle rhythmisch geordneten Naturvorgänge auf Erden. Die Venussphäre ist ihr kosmisches Herrschaftsgebiet. Regent ist Erzengel Uriel (Anael).

Lit.: Rudolf Steiner: GA 102, S. 145 ff.

8. Engelchor: Erzengel, Archangeloi - „Feuergeister", „Volksgeister", „Zeitgeister"

Aufgrund ihres hohen Entwicklungsgrades sind die Erzengel befähigt, ganze Völker durch ihre Inspirationen zu führen. Sie wirken vielfach als Volksgeister und bilden die jedem Volk eigene charakteristische Volksseele aus. Darüber hinaus leiten sie als inspirierende Zeitgeister bestimmte kleinere Zeitabschnitte in der menschlichen Kulturentwicklung. Diese führenden Erzengel, die jeweils einer bestimmten Planetensphäre angehören, sind: Jophiel/Oriphiel (Saturn), Zadkiel/Zachariel (Jupiter), Chamuel/Samuel/Camael (Mars), Michael (Sonne), Uriel/Anael (Venus), Raphael (Merkur), Gabriel (Mond).

Lit. Rudolf Steiner: GA 102, S. 144

9. Engelchor: Engel (Schutzengel), Angeloi - „Söhne des Lebens"

Die Engel der letzten Ordnung stehen der Menschheit am nächsten und haben am meisten mit menschlichen Angelegenheiten zu tun.

Die Bedeutung „Himmelsbote" trifft besonders gut auf sie zu, da sie nicht nur den Kontakt zwischen den Menschen und Gott, sondern auch zwischen Menschen und den Engeln der höheren Engelsphären herstellen.

Was zählt, ist die eigene Verbindung zu den Engeln. Das traditionelle Wissen ist wichtig, denn es kann gute Impulse geben. Unser Schicksal können diese Engel nicht beeinflussen und dennoch, je häufiger wir um ihre Hilfe bitten, umso glücklicher ist unser Los. Es ist gut, sich in meditativer Weise mit ihnen zu beschäftigen und eigene Erfahrungen zu sammeln.

Nach Meinung mancher christlicher Theologen des Mittelalters gibt es noch einen zehnten Chor, zu dem die gewöhnlichen Schutzengel gehören und der am Ende der Zeiten die guten Menschen in sich aufnehmen wird.

Vgl.: Heinrich Krauss: Kleines Lexikon der Engel, S. 49/50

Abb. 10   Ein Elohim erschafft Adam (Elohim Creating Adam) - William Blake (1757-1827)
William Blake war ein begnadeter britischer Dichter, Maler und Kupferstecher. Sein mystisches
Weltbild war geprägt von Visionen, die ihn seit seinem vierten Lebensjahr „heimsuchten".
Sie halfen ihm, seine Kunst auf mystische Erfahrung zu gründen. Seine künstlerische Sprache
zeichnet sich durch ungeheuer lebendige, starke Worte aus, aber auch durch akzeptierendes Leiden.
Er schrieb seine Bücher ohne Hilfe anderer und auch seine Bilder entstanden im Alleingang.

Abb. 11   Heilige Trinität
(Dreifaltigkeitsikone), um 1411 -
Andrei Rubljow (geb. um 1360, gest. 1430)
Gott Vater (links), Gottes Sohn (Mitte)
und Gott Heiliger Geist (rechts)
Staatliche Tretyakov Galerie, Moskau
Seit dem Konzil von Nicäa (heute İznik,
Türkei) 325 n. Chr. wird der Heilige Geist
als Taube dargestellt. Zuvor wählte man
die Gestalt einer Frau, Hagia Sophia, oder
eines Jünglings, der sich nur in manchen
Darstellungen der Dreifaltigkeit erhalten hat.

Die Elohim (Exusiai)

„Die größte Kraft der Elohim
und aller Engel ist die Liebe.“
Petra Schneider

Die aus der II. Triade stammenden Elohim (Abb. 10) - „die Gewaltigen"
oder „die Lichtvollen" (Einzahl: Eloah) - wurden erschaffen, um im Schöpfungsprozess mitzuwirken. Sie sind machtvolle Kräfte der Schöpfung.
Deshalb werden sie auch als Schöpferengel und als rechte Hand Gottes
bezeichnet. Elohim wirken aus der Einheit mit dem Schöpfer und in direk-
tem Kontakt mit der Schöpferkraft. Daher stammt ihre gewaltige Kraft.
Vgl.: 19)

Innerhalb der Engelhierarchien gehören die Elohim zur zweiten Hierarchie (dem Christus-Logos zugeordnet). Sie können Engel als Boten
senden.Elohim haben eine noch größere Kraft als Erzengel und wirken
mit hoher Geschwindigkeit, so dass oft unglaubliche Dinge geschehen. Sie
wollen, dass wir unser volles Potenzial entfalten und leben - und das mit
Freude.

Die Bibelforschung nimmt an, dass der Begriff Elohim ursprünglich aus
dem polytheistischen Götterbild Kanaans stammt, aus dem „gelobten
Land", in das die Hebräer etwa um 1200 v. Chr. allmählich einwanderten.
Der Begriff findet sich auch auf den Tafeln von Ugarit (heutiges Syrien).

Da Elohim zu den Engeln gehören, erscheinen sie auch als Wesen mit
Flügel. Ihre Flügel sind meist sehr groß, so dass Elohim ein machtvolles
Aussehen erhalten. Sie können sich allerdings auch in anderer Form, in
Tönen, Farben und Klängen zeigen.
Vgl.: 19)

„Um den Menschen das Selbstbewusstsein zu ermöglichen, haben die Elohim den Tod in alle Erdenprozesse gelegt. Alles auf Erden ist dadurch dem Tode unterworfen worden, und jetzt wirken diese Kräfte so, dass sie durch die Zerstörung, die sie in sich tragen, zugleich die Kraft geben, die Zerstörung zu überwinden, und so zu einem höheren Zustand zu gelangen. Unser Begriff von dem Tod ist, so wie fast alles auf dem physischen Plan, der Gegensatz von dem wahren Begriff. Nur durch den Tod ist es uns möglich gemacht, wieder zurückzukehren zu jenem Verhältnis, in dem wir früher zu den Göttern und der geistigen Welt standen. In uns muss etwas sterben, bevor wir den richtigen Zusammenhang wieder finden können."

Lit.: Rudolf Steiner: GA 265, S. 289 ff.

Elohim wirken über die Farbstrahlen, die zu den Schöpfungsstrahlen gehören. Jeder Farbstrahl hat einen Aufgabenbereich. Zurzeit wirken hauptsächlich die 12 Elohim mit ihren Farbstrahlen blau, weiß, grün, gelb, rosa, rot und violett, tiefmagenta, türkis, und gold, silber und kristallin. Innerhalb eines Farbstrahles gibt es zusätzlich Elohim-Gruppen, die nur für ein Thema oder eine Aufgabe zuständig sind.

Vgl.: 19)

Die sieben Farbstrahlen der Elohim

1. Der kristallblaue Strahl

Der kristallblaue Strahl ist der Strahl der Ordnung. Zu den Elohim des kristallblauen Strahles gehören Eloah **Herkules** und Eloah **Leila**. Diese Elohim überprüfen immer wieder, ob die Schöpfung noch in der Ordnung ist und sich in dem Rahmen bewegt, der vorgegeben ist. Falls etwas abweicht, bringen sie es wieder in die Ordnung - auch für uns persönlich. So bewirkt dieser Farbstrahl auch Schutz, tiefer Frieden und Einklang.

2. Der goldgelbe Strahl

Die Elohim des gelben Strahles liefern die Impulse und die Kraft, damit sich die vielfältigen Möglichkeiten der Schöpfung entfalten können. Zu den Elohim des goldgelben Strahles gehören Eloah **Cassiopeia** und Eloah **Lemuria**. Diese Elohim schenken Lebendigkeit, Bewegung und Freude. Sie bringen Wachstum und Entwicklung. Sie helfen aufzublühen, sich zu entfalten und das Potential zu verwirklichen. Viele Menschen fühlen sich heiter und gelassen und beginnen zu lächeln, wenn sie mit diesem Strahl arbeiten. Die Elohim des gelben Strahls verbinden auch mit dem Wissen und der Weisheit und sind damit Lehrer und Wissensvermittler.

3. Der rosafarbene Strahl

Der rosafarbene Strahl der Elohim ist der Strahl der Liebe. Zu den Elohim des rosafarbenen Strahles gehört Eloah **Orion**. Dieser Strahl verbindet alles mit der göttlichen Liebe und stellt diese Kraft für alle Vorgänge in der Schöpfung zur Verfügung. Er schafft damit auch die verbindende Kraft in der Dualität, die ermöglicht, Erfahrungen zwischen den Polen zu machen und jederzeit in der Liebe Gottes zu sein und dahin zurückzukehren.

4. Der reinweiße Strahl

Die Elohim des reinweißen Strahles haben die Aufgabe, die Schöpfung in die Vollkommenheit zu führen. Zu den Elohim des reinweißen Strahles gehören Eloah **Claire** und Eloah **Clarissa**. Diese Elohim sind die Kräfte der Klärung, Reinigung und Klarheit. Der reinweiße Strahl der Elohim ist wunderbar, um die eigene Aura und Räume zu reinigen. Außerdem unterstützt er die Weiterentwicklung, indem er die Kraft gibt, um auf die nächste Ebene und Entwicklungsstufe zu steigen.

5. Der smaragdgrüne Strahl

Der smaragdgrüne Strahl der Elohim ist der Strahl der Heilung, der Regeneration und des Wachstums. Zu den Elohim des smaragdgrünen Strahles gehören Eloah **Vista** und Eloah **Solara**. Mit der Kraft dieses Strahls können wir auf allen Ebenen unseres Seins wieder in den Einklang kommen und heil werden. Die Elohim des smaragdgrünen Strahls liefern die Lebensenergie, die unser gesamtes System, den Körper, die Gefühle, die Gedanken und die Verbindung zur Seele, zum höheren Bewusstsein und zu Gott heilt. Er ist der Strahl des Ausgleichs. Wo ein Ungleichgewicht durch zu wenig Energie entstanden ist, fließt Energie zu. Wo zu viel Energie die Ursache für die Störung ist, fließt Energie ab. Er verbessert auch den Energiefluss zwischen dem physischen Körper und den feinstofflichen Anteilen des Körpers.

6. Der rubinrote Strahl

Die Elohim des rubinroten Strahls realisieren den Schöpfungsimpuls. Zu ihnen gehört Eloah **Tranquilitas**. Diese Elohim nehmen die bereits geformte Schöpfungsvision auf und begleiten sie bis in die Verwirklichung, so wie der Bauleiter den Plan des Architekten entgegennimmt und dann die Handwerker beaufsichtigt, die das Haus nach dem Plan bauen. Die Elohim des rubinroten Strahles verfügen über die notwendige Kraft, Ausdauer und Disziplin, um den göttlichen Schöpfungsimpuls bis in die letzte Ausformung und in die Materie zu bringen. Wie der Treibstoff im Auto, der die Energie zur Verfügung stellt, das Ziel zu erreichen, gibt der rubinrote Strahl auch dem Menschen Kraft und Ausdauer. Er lehrt die Menschen, Mitschöpfer zu sein.

7. Der violette Strahl

Aufgabe der Elohim des violetten Strahls ist die Transformation. Zu ihnen gehört Eloah **Arkturus**. Diese Elohim befreien die Schöpfung und den

Menschen von einengenden, belastenden Strukturen, so dass sich das volle Potential und die Vollkommenheit entfalten können. Dieser Strahl hat die Kraft, alle hindernden Strukturen bis zum Grund umzuwandeln. Er befreit von allen störenden Kräften und Energien, löst Grenzen, die nicht mehr stimmen und ermöglicht die Ausdehnung in neue Bereiche.

Quellen: 13), 24a)

Der spirituelle Schöpfungsprozess

Rudolf Steiner zeigt, wie der Schöpfungsprozess vom Spirituellen her aussieht, was wir den Hierarchien und der Heiligen Trinität alles verdanken.

- Das Denken verdanken wir den Engeln (…).
- Das Fühlen, und mit ihm auch unsere Ausdrucks- und Sprachfähigkeit, verdanken wir den Erzengeln, die an anderer Stelle auch „Sprachgeister" genannt werden.
- Den Archai, den „Zeitgeistern", verdanken wir unser Wollen, damit wir in der Zeit etwas schaffen können für die weitere Entwicklung unserer selbst und der Welt.
- Den Exousiai, den „Geistern der Form", verdanken wir, dass wir uns selbst als Eigenwesen erleben, als „Ich", das sich zu allem in Beziehungen setzen und geistig urteilen kann.
- Den Dynameis, den „Geistern der Bewegung", verdanken wir, dass wir uns überhaupt bewegen und verwandeln können.
- Den Kyriotetes, den „Geistern der Weisheit", verdanken wir unsere Fähigkeit, weisheitsvolle Zusammenhänge zu erleben. Die Anthroposophie, die „Weisheit vom Menschen", ist ein Geschenk dieser Kyriotetes.
- Den Thronen, den „Geistern des Willens", verdanken wir den Willen, Mensch zu werden: Ausdruck davon ist die Lernbegierde, der Lerntrieb, der Entwicklungswille.
- Den Cherubim, den „Geistern der Harmonie", verdanken wir unser Gewissen, das bestrebt ist, alles Problematische wiederum ins Gleichgewicht zu bringen, Frieden zu stiften - auch wenn dies manchmal erst in einem nächsten Leben möglich ist.
- Den Seraphim, den „Geistern der Liebe", verdanken wir, dass die ganze Schöpfung mit Liebe durchdrungen ist und dass wir ein persönliches Schicksal haben, das uns nie verlässt - das uns umgibt als Möglichkeit, aus allem, was uns zustößt, zu lernen, immer das Beste daraus zu machen und nie zu verzagen. Diese höchste Hierarchie steht unmittelbar vor dem Angesicht Gottes.

Lit.: Rudolf Steiner: GA 224

Die Heilige Trinität (Abb. 11)

1. Im Vatergöttlichen gründet alles, was der Schöpfung und unserer Existenz im Weltzusammenhang zugrunde liegt. Der Vatergott will, dass wir uns freuen. (…) Die Tugend, die das Gehenlernen und die Bewegungsentwicklung fördert, ist Freude, Bewegungsfreude.

2. Dem Sohnesprinzip entspringt die Möglichkeit der Weiterentwicklung der Welt. Der Sohn will, dass wir beim Sprechen ehrlich, freilassend und liebevoll zueinander sind. Aber entscheidend ist das Bemühen um Wahrhaftigkeit, denn ohne Wahrheit sind Freiheit und Liebe nicht viel wert.

3. Dem Geistprinzip verdanken wir die Möglichkeit, die eigene Entwicklung individuell und selbständig in die Hand zu nehmen. Im Denken sind wir geistig zu Hause: Es trägt uns aus dem Vorgeburtlichen durch das Erdenleben in das Nachtodliche. Es ist die unzerstörbare ätherische Welt, in die wir vertrauen dürfen. (…) Wir erleben unseren Willen im Denken als das Wesenhafte, das unsere geistige Existenz begründet und das fähig ist, uns selbst und anderen zu helfen und uns zu heilen. (Vgl.: 04))

Die christliche Tradition bezeichnet den Heiligen Geist als das himmlische Feuer. Es „sucht nach jenen Menschen, die den Weg der Reinheit, der Selbstlosigkeit und der Opferbereitschaft beschreiten. Es kommt auf sie herab, aber verbrennt sie nicht, sondern entzündet sie, um sie zu Lichtzentren zu machen. In dem Augenblick, in dem dieses Feuer in den Menschen eindringt, verzehrt es nur seine Unreinheiten; die reine Materie bleibt unversehrt und wird lichtvoll, weil sie mit dem Einklang schwingt. (…) Durch von Weisheit und Liebe inspirierte Gedanken, Gefühle und Taten erbauen wir so täglich eine aus Lichtmaterie bestehende Wohnstätte, zu der sich das himmlische Feuer unwiderstehlich hingezogen fühlt, weil es seine eigene Quintessenz wiedererkennt."

Zit.: Omraam Mikhael Aivanhov (1900-1986), Philosoph und Pädagoge bulgarischer Herkunft. Er etablierte weltweit die Universelle Weiße Bruderschaft. Im Mittelpunkt seines Werkes stehen der Mensch und sein Streben nach Vollkommenheit.

Die räumlichen Herrschaftsgebiete der Hierarchien

Legt man das geozentrische Ptolemäische System zugrunde, sind die Planetensphären die räumlichen Herrschaftsgebiete der Hierarchien von den Engeln
bis hinauf zu den Thronen. Sie überschneiden sich mit den Herrschafts-
gebieten der Erzengel, die ebenfalls den Planetensphären zugeordnet sind.
Die höchsten Hierarchien, die Cherubim und Seraphim, haben den ganzen
Tierkreis als Wirkungsfeld. Der Mensch als zehnte Hierarchie macht während seines irdischen Lebens die Erde zu seinem Herrschaftsgebiet. Im
Leben zwischen Tod und neuer Geburt durchwandert er, zunächst aufsteigend,
dann wieder absteigend, alle Planetensphären bis hinauf zum Tierkreis.

Seraphim, Cherubim	*Tierkreissphäre*	
Throne	*Saturnsphäre*	*(Führender Erzengel: Jophiel/Oriphiel)*
Kyriotetes	*Jupitersphäre*	*(Führender Erzengel: Zadkiel/Zachariel)*
Dynameis	*Marssphäre*	*(Führender Erzengel: Chamuel/Samuel/Camael)*
Exusiai (Elohim)	*Sonnensphäre*	*(Führender Erzengel: Michael)*
Archai	*Venussphäre*	*(Führender Erzengel: Uriel/Anael)*
Archangeloi	*Merkursphäre*	*(Führender Erzengel: Raphael)*
Angeloi	*Mondsphäre*	*(Führender Erzengel: Gabriel)*
Mensch	*Erdensphäre*	

Lit.: Rudolf Steiner: GA 110, S. 102/103

Die Zuordnung der Erzengel zu den Planeten und ihren Metallen
nach dem antiken geozentrischen Ptolemäischen Weltbild

Erst indem die Metalle auf Erden in den mineralischen Zustand übergingen, konnte der Erdenplanet das Sonnenlicht zurückspiegeln und wurde auch als äußerlicher Planet sichtbar. Und dadurch erst konnte der Mensch den festen Erdboden betreten und hier sein Ich und seine Freiheit entwickeln.

Die sieben Planetenmetalle haben urbildhaften Charakter. Aus geistiger Sicht lassen sich alle anderen Metalle mehr oder weniger als Modifikationen bzw. Kombinationen dieser sieben archetypischen Metallitäten begreifen. Die Alchemisten gingen noch weiter und sahen das Quecksilber, den Mercurius, weniger als materielle Substanz, sondern als ätherisch-geistiges Prinzip, als den Urgrund aller Metalle an.

Vgl.: 09)

Planet	Astron. Symbol	Metall	Erzengel
Mond	☽	Silber (Ag)	Gabriel
Merkur	☿	Quecksilber (Hg)	Raphael
Venus	♀	Kupfer (Cu)	Uriel (Anael)
Sonne	☉	Gold (Au)	Michael
Mars	♂	Eisen (Fe)	Chamuel (Samuel, Camael)
Jupiter	♃	Zinn (Sn)	Zadkiel (Zachariel)
Saturn	♄	Blei (Pb)	Jophiel (Oriphiel)

Die Zuordnung der Erzengel zu den Planeten und ihren Tönen
nach dem heliozentrischen Weltbild
(s. auch Abb. 12: Unser Sonnensystem)

Die Sonne tönt nach alter Weise
In Brudersphären Wettgesang,
Und ihre vorgeschrieb'ne Reise
Vollendet sie mit Donnergang.

Ihr Anblick gibt den Engeln Stärke,
Wenn keiner sie ergründen mag;
Die unbegreiflich hohen Werke
Sind herrlich wie am ersten Tag.

Johann-Wolfgang von Goethe (1749-1832)
Faust I, Prolog im Himmel

Im Altertum vertraten die Gelehrten die Meinung (z. B. Pythagoras, geb. um 570 v. Chr., gest. nach 510 v. Chr.), dass das Himmelsgewölbe aus konzentrischen, durchsichtigen kristallenen Kugelschalen in verschiedenen Abständen besteht, die sich unterschiedlich drehen und an die Sterne angeheftet sind. Durch diese Bewegung würde eine himmlische Musik entstehen, die sog. Sphärenmusik. Auch Johann Kepler (1571-1630) versuchte anfangs, die Harmonie der Planeten mit dem Verhältnis von Sphären zu erklären. Klangschalen sind ein modernes Mittel, um Planetentöne hörbar zu machen. Tonaufnahmen („Space Sounds") von NASA-Raumsonden, wie z. B. Voyager oder Space Shuttel, geben die erstaunlichen Klänge aller Planeten (einschließlich der Sonne und Erde) wieder.

Nach dem Bibelsatz aus dem Buch der Weisheit „Du hast alles Maß, Zahl und Gewicht geordnet" (Weish 11,20) ordnet die spirituelle Astrologie den klassischen Planeten die sieben Töne der Tonleiter zu (s. nächste Seite). Vgl.: 25) 33)

Erzengel Michael	Sonne	Ton a
Erzengel Raphael	Merkur	Ton h
Erzengel Uriel (Anael)	Venus	Ton c
Engel Ambriel	Erde	
Erzengel Gabriel	Mond	Ton d
Erzengel Chamuel (Samuel)	Mars	Ton g
Erzengel Zadkiel (Zachariel)	Jupiter	Ton f
Erzengel Jophiel (Oriphiel)	Saturn	Ton e
Erzengel Metatron	Uranus	
Erzengel Raziel	Neptun	

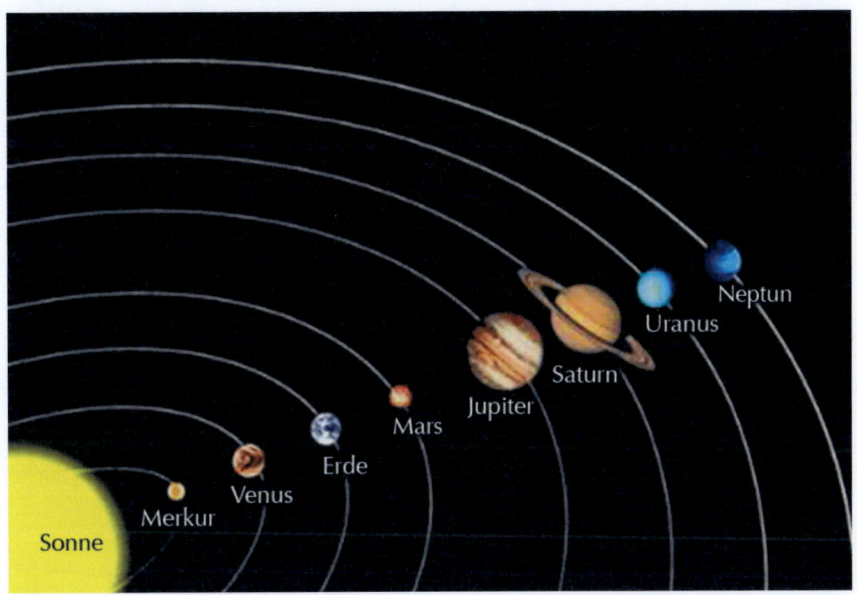

Abb. 12   Unser Sonnensystem

Die sieben Himmel

Die uralte Überlieferung über die sieben Himmel geht auf die sumerische Zivilisation vor über 7000 Jahren in Mesopotamien zurück. Diese Zivilisation brachte wiederum die babylonischen und chaldäischen Kulturen hervor. Die beiden Kulturen hatten einen großen Einfluss auf die Entwicklung der Angelologie im Nahen Osten. Man kann sich die sieben Himmel als konzentrische Kreise mit der Erde in ihrer Mitte vorstellen. Der siebte Himmel ist die Sphäre der höchsten Perfektion. Es ist der Ort, an dem Gott residiert. Die Vorstellung von sieben Himmeln (ihre Anzahl schwankt zwischen drei, sieben oder sogar zehn) ist im christlichen, islamischen (Abb. 13) und jüdischen Glauben verankert. Dabei wird jeder Himmelsbereich von einem Seraphim regiert und von einem anderen Chor der Engel bewohnt.

Wenn man nur die sieben Planeten zählt, ist der siebte Himmel der höchste und damit das höchste erreichbare Glück. Die Redewendung „Sich wie im siebten Himmel fühlen" ist erst seit 1838 belegt. Vorher galt die französische Variante „Etre ravi jusqu'au troisième ciel" (etwa: bis zum dritten Himmel glücklich sein), die aus dem Neuen Testament stammt (2 Kor 12, 1-7).

Abb. 13   Die sieben Himmel
Hamleh-ye Haydari, 1808. Persische Miniatur.

Alle sieben Himmel haben hebräische Namen.

Der **erste Himmel** ist bekannt unter dem Namen „Shamayim" (oder „Wilon"). Der dort regierende Engel ist Sidriel. Der erste Himmel enthält die physische Sphäre des Seins, das gesamte dreidimensionale Universum. Hier wohnen alle Engel, die über die Sterne, Planeten und Naturphänomene herrschen, z.B. das Wetter. Die vier Erzengel Michael, Gabriel, Raphael und Uriel gehören auch hierzu.

„Raquina" heißt der **zweite Himmel** und sein Regent ist der Engel Barakiel. Der zweite Himmel, ist der Ort der Sünder, die auf das Jüngste Gericht warten. Hier sind auch einige der gefallenen Engel eingesperrt. Darunter sind auch die, denen man nachsagt, dass sie verbotene Beziehungen zu irdischen Frauen hatten. Nach der islamischen Überlieferung residieren im zweiten Himmel die Propheten Jesus und Johannes der Täufer.

Der **dritte Himmel** ist als „Shehaqim" bekannt. Der regierende Engel ist Baradiel. Hier, in der südlichen Hälfte des Himmels, liegt das Paradies mit dem Baum des Lebens. Dieser Baum wird von Hunderten Engeln des Lichts bewacht. Im Paradies wird von den himmlischen Bienen der himmlische Nektar, das Manna, produziert. Das Manna ernährte die Israeliten auf ihrer Wanderschaft durch die Wüste. Im nördlichen Teil des dritten Himmels liegt die Hölle, mit all ihren Schrecken. Dass Himmel und Hölle nebeneinander liegen, steht im Einklang mit unserer Vorstellung.

Der Engel Zahaqiel ist Regent des **vierten Himmels**. Dieser Himmel wird „Machonon" genannt. Der vierte Himmel ist die Heimat des „himmlischen Jerusalem", des heiligen Tempels und des Gottesaltars.

„Maon" oder „Mathey" heißt der **fünfte Himmel**. Herr über den fünften Himmel ist der Engel Zadkiel (Zachariel). Im fünften Himmel werden ebenfalls gefallene Engel gefangen gehalten. Insbesondere werden hier die „Grigori", die Bewacher, früher die Wächter der Türme der vier

Himmelsrichtungen, festgehalten. Nach einer Vision des Propheten Zephania, residiert hier auch eine Gruppe von Engeln aus dem Chor der Herrschaften, die Lords.

Der **sechste Himmel** heißt „Zebul" und der Regent ist der Erzengel Gabriel. Im sechsten Himmel werden alle Berichte über die Geschehnisse auf der Erde, die natürlichen Ereignisse und über die Taten der Menschen aufbewahrt. Hier sollen sieben Phönixe und sieben Cherubim hausen.

Der höchste aller Himmel ist „Araboth". Dieser **siebte Himmel** wird von Erzengel Michael oder auch von Zaphkiel (Cassiel) regiert. Es ist der Sitz Gottes und der höchsten Engelchöre, der Seraphim, Cherubim und Throne. Der Überlieferung nach sagt man, dass dort die Seelen der noch nicht geborenen Menschen wohnen. Hier ist auch der Sitz von Zagzaguel, dem Fürsten des göttlichen Rechts. Auf dieser höchsten geistigen Sphäre erlebt man das große Glück.

Abb. 14   Engelfürst Metatron –
Künstler unbekannt

Abb. 15   Melchizedek
opfert Brot und Wein
und segnet Abraham –
Künstler unbekannt

Kapitel 3

METATRON - MELCHIZEDEK

Metatron

Der Engelfürst (hebr. melek) Metatron (Abb. 14) gehört zu den Wesenheiten des spirituellen Strahls und steht an der Spitze der Erzengel und Engel. Sein Name bedeutet „Deinem Thron nahestehend". Über ihm befinden sich in der himmlischen Hierarchie die Seraphim, die wiederum direkt Gott unterstellt sind. Er ist Hüter der Schwelle zwischen den Formen und Nichtformen.

Engelfürst Metatron ist der Engel der Wahrheit und der Transformation durch Liebe. Er unterstützt, was sich im Entstehen befindet sowie die Materialisierung von Potentialen. Metatron erleichtert den Umgang mit Schwingungsveränderungen. Er erschließt neue Bewusstseinsebenen; Wesentliches wird dabei besser erkannt. Er erleichtert Trennungsschmerz durch die Erkenntnis, dass wir mit allem verbunden sind. Dieser Gedanke der Einheit hilft uns, das Leben wieder zu lieben.

Nachdem wir durch die Energie Metatrons Heilung erfahren können, die weit über die körperlichen Gegebenheiten hinausgehen, die sich in unserem tiefen Selbst, in unserer Seele, in unserem ganzen Sein vom Anbeginn der Zeit vollzieht, webt sich ein neues Seelenkleid. Über diese menschlichen Wandlungen macht Erzengel Metatron altes und neues Heilwissen zugänglich, er beseelt Stoffe mit Heilkraft und Informationen und vermittelt der Menschheit kosmisches Wissen durch verschiedene esoterische Wissenschaften, um uns damit die Schlüssel zu geben, die die Türen zu unseren verborgenen Wahrheiten aufschließen.

In der jüdischen Kabbala zählt Metatron zu den höchsten Engeln. Es heißt, dass er die Geheimnisse des Universums und das Handeln der Menschen im Buch des Lebens festhält. Laut der Legende ist Metatron als einzige Ausnahme selbst Mensch gewesen. Als siebter Nachfahre von Adam, war er als Henoch bekannt und zeichnete sich durch so große Rechtschaffenheit aus, dass er an die Seite Gottes gerufen wurde. Dieser Erzengel steht vor oder hinter dem Thron Gottes. Metatron ist der Hüter des göttlichen Lichts, des göttlichen Lebens, des vollkommenen Menschen. Dieser Erzengel wird auch als der Hüter der Wunscherfüllung bezeichnet. Seine Farben sind Weiß, Gold, Violett und Hellrot mit Gold. Metatrons Zwillingsbruder ist Sandalphon, der die Wiederverkörperung von Prophet Elijas darstellt und der als Apostel Johannes zur gleichen Zeit wie Jesus erschien.

Melchizedek

„Melchi = Frieden / „Zedek" = Gerechtigkeit

Der Priesterkönig Melchizedek (auch Melchisedech) (Abb. 15) ist eine Gestalt aus dem Alten Testament (1 Mose 14, 18-20; 2 Mose 28, 1; Ps 76, 2-3; Ps 110, 4). Das Neue Testament beschreibt Christus als Hohepriester nach der Ordnung der Melchizedeks (Hebr 4,7; 4; 14-16; 7, 1-28). Melchizedek wird als „Priester des Höchsten Gottes" bezeichnet und „König der Gerechtigkeit und des Friedens". Seine Energie ist sehr kraft- und machtvoll. Er scheint keine Grenzen zu kennen, alles ist möglich, alles lässt sich erschaffen. Während Metatron diese Energien im geistigen Bereich repräsentiert, gilt dies bei Melchizedek für die Materie. Doch obwohl seine Energie so machtvoll ist, ist sie voller Liebe und Frieden.

Nach Rudolf Steiner ist Melchizedek der große Sonnen-Eingeweihte der Atlantis, der Manu, der eine Gestalt angenommen hatte, in welcher er den Ätherleib trug, der von Sem, dem Stammvater des Abraham und der Semiten, aufbewahrt worden war. Durch Melchizedek erfährt Abraham, dass der Gott, der an seiner inneren Organisation schafft, derselbe ist, der sich in den Mysterien offenbart. Melchizedek ermöglichte aber auch den sieben heiligen Rishis, Lehrer ihres Volkes in der urindischen Zeit zu sein, und er führte Zarathustra zur Einweihung in das Sonnen-Geheimnis.

Das Opfer von Brot und Wein, das Melchizedek vor Abraham darbrachte, hat eine tiefe, für die ganze Menschheitsentwicklung entscheidende Bedeutung. Brot ist der Träger des „Salzes", das uns mit der Erde verbindet.

Die Juden haben später aus Unverständnis ungesäuertes Brot verwendet. Wein ist der Träger des „Phosphors" oder „Schwefels" im spirituell-alchemistischen Sinn und führt uns zur Vergeistigung. Durch das rechte Gleichgewicht zwischen Salz und Phosphor wird der Mensch in richtiger Weise mit der Erde und der geistigen Welt verbunden.

Mit der Einsetzung des Abendmahls erneuerte und erhöhte der Christus das Opfer des Melchizedek und begründete damit einen neuen zukunftsweisenden Kultus, durch den zugleich die blutigen Tieropfer, die seit der atlantischen Zeit üblich geworden waren, überwunden werden sollten.
Vgl.: 08)

Themen und Funktionen Melchizedeks:

Heilung der Erde

Spiritueller Lehrer

Entfaltung von Liebe aus Kraft und Macht

Heilung des Körpers (arbeitet hier gern mit Erzengel Raphael zusammen)

Hilfe bei Entwicklung neuer Technologien, die Umwelt fördernd sind

Stützt bei Führungsaufgaben, um auch die Spiritualität im Alltag in Einklang zu bringen

Heilung von Vaterthemen

Unterstützt Politiker und Staatsführer

Stärkt die Kraft zum Erschaffen

Hilft gegen Widerstände zur Materie oder zum Leben auf Erden

Abb. 16   Die sieben Erzengel - Ikonenmalerei Russland, 18. Jh.
In der Kuppelausmalung der 1754 erbauten Andreas-Kirche in Kiew

Kapitel 4

DIE ERZENGEL - ARCHANGELOI

*Wir sind die Schüler der Engel
und Gott ist Lehrer für Engel und Menschen.*
Cem Belli (geb. 1982)

Die Erzengel in den Weltreligionen und der jüdischen Kabbalah

In fast allen Religionen und Kulturen gibt es die Lehre von den Engeln, die Angelologie. Wir finden Zeugnisse von Wesen, die eine Mittlerrolle zwischen Himmel und Erde einnehmen, bei den Indianern, den Hindus, Ägyptern, Persern, jüdischen Kabbalisten, Christen, Moslems und Buddhisten.

Nachdem die römisch-katholische Kirche u. a. das Buch Henoch*) und das Evangelium der 12 Engel verbannt hat, werden nur noch drei Erzengel mit Namen genannt: Michael, Raphael und Gabriel. Sie überbringen Botschaften, fungieren als Beschützer oder preisen die Herrlichkeit Gottes.

Erst das Neue Testament kennt den „Erzengel" und nennt ein einziges Mal einen solchen mit Namen: Michael. Die „Sieben", eine im Alten Testament gottgewollte Vollkommenheitszahl, greift das Buch Tobit (12, 15) für die sieben Engel auf, die das Gebet der Heiligen emportragen und vor die Majestät Gottes treten. Vgl.: 14)

Im Gegensatz zur Westkirche werden die Engel in der orthodoxen Kirche während des liturgischen Jahres öfter im Gebet erwähnt, und es gibt viel mehr Festtage zu ihren Ehren. Auch ist in der Ostkirche die Bildverehrung der Engel verbreitet (Abb. 16), und sie kennt neben den sieben Erzengeln

---

*) Das Buch Henoch wurde als apokryphische Schriftensammlung nicht in die Bibel aufgenommen, obwohl es von Essenern, Gnostikern und Kabbalisten als heiliges Buch verehrt wurde. Wegen seiner umstrittenen Behauptungen u. a. über Wesen und Taten der gefallenen Engel fiel es bei mächtigen Theologen in Ungnade und wurde deshalb von der Kirche unterdrückt und verbannt.

Michael, Gabriel, Raphael, Uriel (Anael), Jehudiel, Barachiel (Barkiel, Barakel), Sealt(h)iel (Selaphiel) den achten Erzengel Jeremiel.

Die Muslime glauben, dass der Erzengel Gabriel (Jibril, Gibril) Mohammed den Koran diktiert hat (Abb. 17). Außerdem spielen die Schreibe-Engel in dieser Religion eine große Rolle. Der eine sitzt auf der rechten, der andere auf der linken Schulter des Menschen. Der auf der rechten schreibt die guten Taten, der auf der linken die bösen auf.

Dem jüdischen Glauben ist die Vorstellung von Engeln als menschliche Gestalten mit Flügeln völlig fremd. Ihre hebräische Bezeichnung ist „Malach", was soviel wie „Gesandter" bedeutet. Wie in der Westkirche finden drei Erzengel Erwähnung: Rafael (hebr. „Refua" = Heilung), Gabriel (hebr. „Gevura" = Stärke") und Michael (hebr. „Mechila" = Vergebung).

Abb. 17   Engel Gabriel offenbart dem Propheten Mohammed die Botschaft Allahs - Persische Chronik von 1307

Im Jahr 1508 verfasste Johannes Trithemius von Sponheim (1462-1516) eine Schrift über die sieben Erzengel, die er „dem erhabenen und frommen Maximilian I., Herrscher und Kaiser von Gottes Gnaden", vorlegte. Darin überliefert er das Wissen der griechisch-ägyptischen Göttergestalt Hermes Trismegistos, dass „jedem Planeten ein Geistwesen als Herrscher zugeteilt wurde" und dass die Regentschaft dieser Erzengel jeweils 354 Jahre und 4 Monate dauert.

Wichtige Weiterentwicklungen fanden die alten Überlieferungen durch die Theosophie und Anthroposophie. Nach Rudolf Steiner sind die Erzengel die Stammesgeister der Völker. Seine Erkenntnisse über ihre Regentschaften weisen gegenüber anderen Schriften Unterschiede auf. So regierte Erzengel Michael bereits von 600-200 v. Chr. Seit 1879 hat er erneut seine Regentschaft angetreten.

Lit.: Rudolf Steiner: GA 098, S. 225

Erzengel	Regentschaft (nach J. T. von Sponheim)	Regentschaft (nach Rudolf Steiner)
Michael		600 bis 200 v. Chr.
Jophiel (Oriphiel)	15.03. bis 354 n. Chr.	200 v. Chr. bis 150 n. Chr.
Uriel (Anael)	24.06.354 bis 708 n. Chr.	150 bis 500 n. Chr.
Zadkiel (Zachariel)	26.10.708 bis 1063 n. Chr.	500 bis 850 n. Chr.
Raphael	24.02.1063 bis 1417 n. Chr.	850 bis 1190 n. Chr.
Chamuel (Samuel, Camael)	26.06.1417 bis 1771 n. Chr.	1190 bis 1510 n. Chr.
Gabriel	28.10.1771 bis 2126 n. Chr.	1510 bis 1879 n. Chr.
Michael	24.02.2126 bis 2480 n. Chr.	seit 1879 (bis ca. 2300) n. Chr.

Die wichtigsten Erzengel

Schöner Engel, mein Begleiter, erhabener Hüter meiner Seele;
du leuchtest im Himmel wie eine zarte Flamme,
nahe dem göttlichen Thron des Ewigen.
Du kommst zu mir; du erleuchtest mich mit deinem Licht.
Schöner Engel, mein Begleiter und Bruder,
mein Freund und Tröster.
Theresa von Avila (1873-1897)

Den sieben Erzengeln der christlichen und orthodoxen Glaubensvorstellung fügt die orthodoxe Kirche einen achten Erzengel hinzu.

Erzengel Michael - „Wer wie Gott?"

Erzengel Michael (Abb. 18) gilt sowohl in der christlichen, jüdischen und islamischen Tradition als der mächtigste Erzengel. Er ist der einzige Engel, dessen Name in der Frageform übersetzt wird. Er ist wohl der bekannteste unter allen Erzengeln und Engeln. Das 1. Henoch-Buch besagt, dass er den geheimnisvollen Eid kenne, durch den die Welt geschaffen und geordnet wurde. Nach christlicher Überlieferung stellte Erzengel Michael mit seinem Schwert die göttliche Ordnung wieder her, indem er Luzifer mit seinen Engeln aus den Himmeln zur Erde hinab stürzte. Michael gilt als Unterstützer und Erretter aus Gefahrensituationen. Die Vorstellungen des Jüngsten Gerichts im christlichen Mittelalter (Romanik, Renaissance und Gotik) inspirierten Künstler zu Interpretationen von Erzengel Michael mit der Seelenwaage.

Erzengel Michael ist nach der Zuordnung des altisraelitischen Kabbalah-Systems der Engel der Himmelsrichtung Norden, der Jahreszeit Herbst, des Wochentags Sonntag, des Halschakras, des Metalls Gold (Au), des Planeten Sonne, des Elements Feuer. Sein Farbstrahl ist kristallblau.

Der Erzengel Michael gilt als Schutzpatron des israelitischen wie des deutschen Volkes und der katholischen Kirche. Im Zuge der Liturgiereform nach dem Zweiten Vatikanischen Konzil (1962-1965) feiert die römisch-katholische Kirche das Fest des Heiligen Michael zusammen mit Gabriel und Raphael am 29. September.

Abb. 18   Erzengel Michael, 2002 - Abraham Karl Selig (geb. 1959) - Ikonenmalerei mit reinem Lapislazuli. Michael hält in seiner linken Hand die kristalline „Sphäre" (griech. sphaira = Hülle, Ball). Die Inschrift IC XC (mit Abkürzungszeichen darüber) sind die griechischen Namensinitialen Jesus Christus (Isous Xpistos), was soviel wie „Christus ist der Herrscher des Kosmos (des Alls)" bedeutet. In seiner rechten Hand hält Erzengel Michael den Botenstab (griech. angelos = Bote).

In der jüdischen Kabbalah ist Erzengel Michael als Stellvertreter des Horus auch der Stellvertreter des kosmischen Christus. Mit seinem Lichtschwert als Symbol für die Herrschaft des Christus im Universum gilt Erzengel Michael als Überwinder der Kräfte der Finsternis. Er hilft uns bei der Überwindung unseres niederen Selbst und führt zur Befreiung und Heilsein im Sinne der Liebe, Barmherzigkeit und Brüderlichkeit des Christus. Erzengel Michael führt die Seelen der Verstorbenen ins Licht. Er gilt als Fürsprecher der Menschheit. und führt die Menschheit in das Neue Zeitalter des Lichts. Erzengel Michael ist der Hüter des Emotionalkörpers und des Astralkörpers. Anrufungen an Erzengel Michael bringen Erlösung und Befreiung. Erzengel Michael wirkt zusammen mit dem 9. Engelchor Angeloi.

Erzengel Raphael - „Der Heiler Gottes" (Abb. 19)

Erzengel Raphael begleitet im Alten Testament Tobias („der Gute") auf einer gefährlichen Reise von Ninive (heutiges Irak) nach Rages (im ältesten iranischen Reich Medien) (Tob 3,16). Tobias soll dort im Auftrag seiner Eltern ein seinem Vater Tobit zustehendes Vermögen abholen. In Ekbatana (Hamadan) vermittelt Erzengel Raphael die Hochzeit von Sarah und Tobias (Tob 6,10-13). Nachdem er Tobias mit seiner Braut zurück zum Vater geführt hat, erhört er auch die Bitte Tobias, seinen Vater Tobit von seiner Erblindung zu heilen. Erst danach gibt sich Erzengel Raphael zu erkennen und wird in tiefer Ehrfurcht und großer Dankbarkeit verabschiedet. Erzengel Raphaels einziger Wunsch ist, dass Tobit diese Ereignisse aufschreibt.

Abb. 19   Erzengel Raphael, 2014 - Angelika D. Albrecht
Erzengel Raphael ist der Engel der Heilung. Ihm werden die Attribute Pilgerkleidung, Reiseutensilien und Fisch zugesprochen. Der Fisch steht symbolisch für die Heilung, was auch der Äskulap-Stab zum Ausdruck bringt. Im Alten Testament begleitet Erzengel Raphael Tobias auf eine gefährliche Reise. Er hilft ihm u.a., den Fisch zu finden, mit dessen Herz und Niere die Hochzeit mit Sarah möglich wird und dessen Galle den blinden Vater Tobit wieder sehend macht. Für Jesus Christus wurde der Fisch (griech. ichthýs) im reinen Wasser zum Wahrbild des Lebens und der Wahrheit. Das christliche IChThYS-Symbol besteht aus zwei gekrümmten Linien, die einen Fisch darstellen. I steht für Jesus, Ch für Christus, Th für Gott, Y für Sohn, S für Retter.

Erzengel Raphael ist nach der Zuordnung des altisraelitischen Kabbalah-Systems der Engel der Himmelsrichtung Osten, der Jahreszeit Frühling, des Stirnchakras, des Planeten Merkur, des Elements Luft, des Wochentags Donnerstag, des Metalls Quecksilber (Hg). Sein Farbstrahl ist smaragdgrün.

Erzengel Raphael gilt mit seinem sonnigen Gemüt als besonders freundlich und lustig.

In der jüdischen Kabbalah ist Erzengel Raphael der Schirmherr der Heiler. Er gilt als der Hüter der Ganzheit und Unversehrtheit, der heilenden Gedanken und Seelenkräfte. Raphael ist Führer der Luft- und Natur-Devas. Erzengel Raphael gilt als Hüter des Elementes Luft und des Mentalkörpers. Raphael wirkt mit den Elohim (= Exuisiai: „Söhne der Götter").

Abb. 20   Erzengel Gabriel verkündet Maria die Geburt von Jesus, 1435 Jan van Eyck (1390-1441) Flügelaltar in der Bavo-Kathedrale, Gent/Belgien Tafelbild auf der „Alltagsseite", d. h. Altar mit geschlossenen Flügeln (die Innenseite des Altars wird meist nur an hohen christlichen Festen gezeigt)

Erzengel Gabriel - „Die Kraft Gottes" (Abb. 20)

Im Alten Testament erscheint Erzengel Gabriel erstmals im Buch Daniel als Deuter der Vision von Widder und Ziegenbock (Dan 8,16) und der Weissagung über Dauer des Exils des Volkes Israel (Dan 9,21). Er kämpft für das Volk Israel gegen die Engel, denen die anderen Völker unterstellt sind (Dan 10,20). Im Neuen Testament verkündet Gabriel die Geburt von Johannes (Lk 1,19) und Jesus (Lk 1,26-33). Nach islamischer Überlieferung diktierte Erzengel Gabriel Mohammed den Koran.

Gabriel ist neben Erzengel Michael der bekannteste Erzengel. Durch seine Haupteigenschaften - Engel der Verkündigung, Barmherzigkeit, Geburt - werden ihm vorwiegend weibliche Aspekte zugeordnet.

Beim Betrachten des Mondes kann man die energetischen Schwingungen von Erzengel Gabriel erspüren.

Erzengel Gabriel ist nach der Zuordnung des altisraelitischen Kabbalah-Systems der Engel der Himmelsrichtung Westen, der Jahreszeit Winter, des Planeten Mond, des Elements Wasser, des Wurzelchakras, des Wochentags Mittwoch, des Elements Wasser, des Tierkreiszeichens Wassermann, des Metalls Silber (Ag). Sein Farbstrahl ist reinweiß.

Er gilt als Engel der Wahrheit. Er gibt Beistand in Kunst und Kommunikation, Journalismus, Schreiben, Fernsehen Radio. Er verhilft den künstlerischen Talenten zur Entfaltung. In der orthodoxen Kirche hat er neben dem Gedenktag aller neun Erzengel (8. November) einen eigenen Gedenktag, den 26. März, da er bei Maria Verkündigung, die am 25. März gefeiert wird, unmittelbar beteiligt war und ihm daher an diesem Tage gedacht werden sollte.

In der jüdischen Kabbalah ist Erzengel Gabriel Verkünder des göttlichen Wortes und unseres göttlichen Planes. Er ist Erlöser, Befreier, der Freiheitsengel Gottes. Erzengel Gabriel ist Hüter von Geburt, Tod und Auferstehung. Zusammen mit den Weisen Herren des Karmas, die das Buch des Lebens führen, leitet Gabriel die Empfängnis und führt die Seelen durch die Inkarnationen. Erzengel Gabriel ist der Schutzherr der Familie. Dieser Erzengel vermittelt geistige Erkenntnisse und Erfindungen. Er hilft und deutet Symbole und er gilt als Hüter des Ätherkörpers und des Elementes Wasser. Er wirkt zusammen mit den Aschim („Feuerseelen").

Erzengel Uriel (Anael) - „Das Feuer Gottes" (Abb. 21)

Als einer der weisesten Erzengel lehrte Uriel Moses die Thora und offenbarte ihm die Sünden. Er brachte den Menschen die Kabbalah. Er warnte Noah vor der Sintflut.

Erzengel Uriel verhilft zu intellektuellen Einsichten, praktischen Lösungen und kreativen Impulsen. Im Islam heißt er Israfil. Uriel wird auch der Erzengel der Liebe genannt. Dementsprechend passt Rubinrot als ihm zugewiesene Farbe sehr gut.

Erzengel Uriel ist nach der Zuordnung des altisraelitischen Kabbalah-Systems der Engel der Himmelsrichtung Süden, der Jahreszeit Sommer, des Wochentags Freitag, des Solarplexus-Chakras, des Planets Venus, des Elements Erde, des Tierkreiszeichens Waage, des Monats September, des Metalls Kupfer (Cu).

In der jüdischen Kabbalah ist Erzengel Uriel der Engel der Wegweisung. Uriel inspiriert die Menschheit an Wendepunkten, leuchtet dem Suchenden seinen Weg in der Finsternis. Dieser Erzengel ist der Hüter des physischen Körpers. Erzengel Uriel vertritt die Eigenschaften Umsetzung, Manifestation, Erfüllung und Kreativität.

Barachiel (Barkiel, Barakel) - „Der Segen Gottes" oder „Der Blitz Gottes" (Abb. 22)

Dieser Erzengel ist Regent des 2. Himmels; er ist Engel des Monats Oktober und des Tierkreiszeichens Fische. Erzengel Barachiel herrscht über Donner und Blitz. Wir alle können Erzengel Barachiel bitten, damit wir mehr Mitgefühl bekommen, und damit er uns hilft, innere Stärke zu entwickeln und unsere Absicht zu fördern, uns und andere zu heilen. Dieser Engel verleiht auch emotionale Tiefe und Bewusstheit.

Jehudiel (Jegudiel, Gudiel) - „Das Lob Gottes" oder „Der Richter des Herren"

Die Beischrift auf einer südrussischen Ikone der Heiligen Heiler (um 1800) bezeichnet Jehudiel so: „Er preist Gott und die Gottesmutter, steht den Mühseligen und den Gottesdienern bei."

Auf anderen Ikonen ist zu lesen: „Der heilige Erzengel Jehudiel kümmert sich um die Bewahrung des Gesetzes Gottes." Seine Attribute sind die Krone, der Stab, aber auch die dreiteilige Peitsche für die Menschen.

Abb. 22   Erzengel Barachiel, 2010 - Marchela Dimitrova (geb. 1964) - Marchela Dimitrova arbeitet im Stil der traditionellen byzantinischen Ikonenmalerei unter Verwendung traditioneller Techniken. Sie lebt in Plovdiv/Bulgarien.

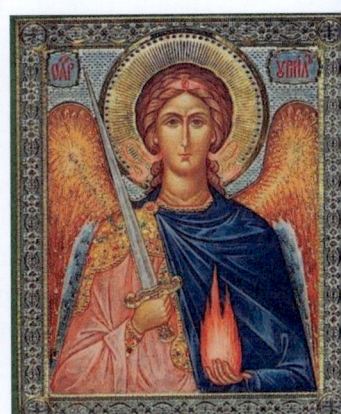

Abb. 21   Erzengel Uriel - James Powell und Söhne Mosaik aus der St. John's Church, Boreham/Wiltshire UK (1888)

Abb. 23   Erzengel Jophiel Künstler unbekannt Zeitgenössische Nachbildung einer griechisch-orthodoxen Ikonenmalerei

Jeremiel - „Die Erhöhung Gottes"

Jeremiel ist der 8. Erzengel der orthodoxen Glaubenslehre. Er begleitet uns auf dem Weg, Hellsichtigkeit und planende Vorausschau zu entwickeln. Er fördert das visionäre Träumen, kann Wahrträume und Zukunftsträume schicken. Er zeigt uns auf, welche Schritte wir als nächstes gehen können, um unser Denken und Handeln in eine positive Richtung zu verändern.

Er kann uns bei Vergebungs- und Versöhnungsprozessen helfen, die den spirituellen Weg blockieren. So können wir lernen, echte Vergebung zu üben, ohne uns weiterhin aufzuopfern oder mit alten Frust- oder Schuldgefühlen zu plagen.

Er lehrt uns, dass alle Erfahrungen, die wir machen, das Produkt unseres eigenen Denkens und Handelns sind. Er hilft soeben Verstorbenen bei ihrem Lebensrückblick.

Jophiel (Oriphiel) - „Die Schönheit Gottes" (Abb. 23)

Dieser Erzengel regiert den Planet Saturn. Er ist der Engel des Wochentags Montag. Er hütet das Metall Blei (Pb) und ist zuständig für das Kronenchakra. Erzengel Jophiel ist in der christlichen und jüdischen Religion gleichermaßen von Bedeutung.

Sealthiel (Selaphiel) - „Der Wunsch Gottes"

Einer der sieben Erzengel im Buch Henoch. Dieser Erzengel dient der Verehrung und Kontemplation. Er gilt auch als Engel des Gebets und der Fürbitte. Erzengel Sealthiel steht vor Gott mit duftendem Weihrauch in seiner Hand und huldigt so ununterbrochen der Heiligen Dreieinigkeit. Seine ureigene, engelhafte Reinheit transformiert unsere Liebe und Verehrung, die wir Sterblichen Gott zusenden. Er ist vermutlich der Erzengel, der Abraham daran hinderte, seinen Sohn Isaac als Opfergabe zu töten. Auch soll er Adam und Eva gerettet haben, nachdem sie aus dem Paradies vertrieben worden waren.

Abb. 24   Erzengel Chamuel
„Engel der Liebe", 2014
Angelika D. Albrecht

Weitere Erzengel (Auswahl)

Andon - „Der schwarze Friedensfürst" (Abb. 25)
Erzengel Andon wirkt zusammen mit den Elohim (Exusiai); hilft bei der Erlösung von Seelen, bringt sie ins Licht. Sein Farbstrahl ist silbrig glänzendes Gold.

Azrael - „Der Trost Gottes"
5. Schöpferengel in Lemuria

Chamuel (Samuel, Camael) - „Die Strenge Gottes", „Engel der Liebe" (Abb. 24)
Dieser Erzengel aus der jüdischen Mythologie ist die Verkörperung der Festigkeit, Strenge und Unerbittlichkeit Gottes. Er ist der Hüter der Schwelle verbotener Grenzen. Chamuel gilt als der Hüter des Weges, der Hüter der zwischenmenschlichen Beziehungen und der Partnerschaft. Sein Chakra ist das Herzchakra. Er trägt, wie Erzengel Michael, ein Schwert, das schneidet. Chamuel ist der Vollstrecker des Gottes-Urteils zusammen mit den Seraphim. Sein Farbstrahl ist rotorange. Er ist der Beherrscher der Marssphäre und wird vielfach auch mit deren kriegerischen Aspekten in Zusammenhang gebracht. Chamuel ist der Engel des Wochentags Dienstag. Er ist Hüter des Metalls Eisen (Fe).

Cerviel (Gerviel, Zeruel) - „Die Hilfe Gottes"
Dieser Erzengel ist nach jüdischen Überlieferungen der Schutzengel von David. Er soll David auch geholfen haben, den Riesen Goliath zu besiegen. Cerviel ist einer der regierenden Fürsten der Fürstentümer.

Kryon
Der Name von Erzengel Kryon (sprich Kra'jon) ist der Schwingungsname einer Engelwesenheit. Ein hohes geistiges Wesen, ein Meister des ‚Magnetismus', welcher sich in seiner ganz tiefen Liebe in den Dienst der Erd- und Menschheitsentwicklung stellt. Erzengel Kryon gehört zu den Engeln, die unser neues Zeitalter betreuen und begleiten.

Abb. 25 (oben)
Erzengel Andon
Kirche Kiew/Ukraine

Abb. 26 (links)
Luzifer in seiner ursprüng-
lichen Herrlichkeit („Satan
in his Original Glory"),
ca. 1805 - William Blake
(1757-1827)

Luzifer - „Der Lichtbringer" (Abb. 26)

Der Name von Erzengel Luzifer bedeutet griechisch auch „Phosphoros"; lateinisch ist er als „Morgenstern" (Venus) bekannt. Er ist nach den Deutungen in der Bibel der erste Engel gewesen, den Gott zusammen mit seinem Sohn Christus erschaffen hatte, wobei er alle anderen Engel überstrahlte (s. Kapitel 1 „Die Entstehung der Engel"). Luzifer gilt als der große diabolische Verführer. Im Gegensatz zu Ahriman, der als satanischer Vollstrecker wirkt.

Eine andere Auffassung beschreibt Luzifer als den Erzengel, der mit seinen Helfern den göttlichen Auftrag übernahm, den Menschen Zugang zum freien Willen zu verschaffen. Denn: Im Zustand der Vollkommenheit ist kein Wachstum möglich. Deshalb muss sich der Mensch mit den negativen Mächten auseinander setzen, um geistig zu wachsen. Bei unserer Geburt wird die Erinnerung an unser göttliches Erbe ausgelöscht, von dem wir nur manchmal noch eine vage Wahrnehmung haben. So ist uns auf der Erde völlig freigestellt, negativen oder positiven Gedanken nachzuhängen und Gutes oder Schlechtes zu tun. Luzifers Aufgabe ist erfüllt, wenn alle Menschen auf der Erde ihr Bewusstsein vervollkommnet und ihre Schattenseiten in einer entwickelten Persönlichkweit integriert haben; dann kann er an seinen ursprünglichen Platz im Himmel zurückkehren.

Luzifer wird in der Anthroposophie charakterisiert mit Kräften des Bewegten und Auflösenden, Ahriman mit Kräften des Strukturierenden und Verhärtenden. Durch den luziferischen Einfluss wurden dem Menschen die Sinne für die äußere Welt geöffnet - und zugleich wurden seine sinnlichen Begierden erweckt.

Der Sündenfall begann durch den luziferischen Einfluss auf den Astralleib („Sternenleib"). Dadurch wurden auch der Ätherleib („Lebensleib") und der physischer Leib in Mitleidenschaft gezogen. Im Ätherleib entstand die Möglichkeit des Irrtums, und dem physischen Leib wurde die Möglichkeit zu inneren Krankheiten eingepflanzt. (Lit.: Rudolf Steiner: GA 107, S. 240 ff. sowie 16. Vortrag, Berlin, 22. März 1909)

Raziel (Raguel) - „Das Geheimnis Gottes" oder „Der Zorn Gottes"
Erzengel der jüdischen Kabbalah. Er ist die Verkörperung der Weisheit Gottes. Er ist der Hüter und Verkünder der Geheimnisse des Lebens und der Schöpfung Gottes, der Offenbarung. Mit ihm verbunden sind die Engel Ophanim (Räder, Spiralen). Die Energie von Erzengel Raziel bewirkt des Egos tiefsten Fall und den höchsten Aufstieg der Seele, wenn sich der „Urknall" im Herzen und im Bewusstsein vollzieht. Erzengel Raziel bezieht seine Kraft aus dem Herzen der Sonne und leitet die göttliche Liebe in die irdische Ebene.

Sandalphon - „Der Gärtner Gottes"
Erzengel der jüdischen Kabbalah. Er ist der Hüter des Wachstums auf der materiellen Ebene und der Gärtner der Seele und des Geistes. Erzengel Sandalphon ist der Botschafter der Höheren Ebenen und schafft die feinstofflichen Bedingungen für die Verwirklichung des göttlichen Plans auf der Erde. Erzengel Sandalphon überwacht die dynamischen Lebensprozesse auf unserer Erde und wirkt mit den Cherubim.

Zadkiel (Zachariel) - „Das Wohlwollen Gottes"
Erzengel der jüdischen Kabbalah. Zadkiel ist der Engel des Wochentags Samstag. Er wirkt bei der Heilung von Wunden und dem Zellaufbau. Er verkörpert Gottes Güte und Barmherzigkeit. Erzengel Zadkiel verteilt Gottes Segen und vermittelt die göttliche Gnade. Der Engelfürst hilft denen, die vom Weg abgekommen sind.

Zaphkiel (Cassiel) - „Der Betrachter Gottes"
Erzengel der jüdischen Kabbalah. Mit der Schwingung dieses Erzengels befindet man sich in ständiger Betrachtung Gottes, seiner ordnenden Intelligenz und seines Gesetzes. Erzengel Zaphkiel wacht über das Karma und das Gewissen der Welt. Zusammen mit den 12 Weisen, den Hütern des Karmas, und den 12 Richtern, den Hütern der göttlichen Ordnung, verkörpert Zaphkiel die leitenden Kräfte des Universums.

Die Farbstrahlen der 14 Erzengel

„Im Prisma der himmlischen Heerscharen
bricht sich das göttliche Urlicht
in sein gesamtes Farbenspektrum auf."
Aliana Solaria (geb. 1959)

Die Farbstrahlen der 14 Erzengel (Abb. 27) entsprechen denen der Elohim (Exusiai), d.h. sie alle wirken zusammen auf den jeweiligen Farbstrahlen. Jedem Farbstrahl sind bestimmte Engelprinzipien zugeordnet.

Strahl	Erzengel	Farbe	Prinzipien (Auswahl)
1. Strahl	Michael	Kristallblau	Glaube, Vertrauen, Kraft, Mut, Schutz, Führung
2. Strahl	Jophiel (Oriphiel)	Goldgelb	Freude, Lebenslust, Befreiung, Weisheit
3. Strahl	Chamuel (Samuel, Camael)	Rosaorange	Reinheit des Herzens, Sanftmut, Liebe
4. Strahl	Gabriel	Reinweiß	Absolute Reinheit, Barmherzigkeit, Fürsorge
5. Strahl	Raphael	Smaragdgrün	Harmonie, Ordnung, Heilung, Struktur, Leichtigkeit, Heiterkeit
6. Strahl	Uriel (Anael)	Rubinrot	Göttlicher Segen, mentale Heilung, Spiritualität
7. Strahl	Zadkiel (Zachariel)	Violett	Vergebung, Karma, göttliche Seligkeit, tiefe Meditation
8. Strahl	Aquariel	Aquamarinfarben	Klarheit
9. Strahl	Anthriel	Magentafarben	Ausgeglichenheit, Sicherheit, Vertrauen
10. Strahl	Valeoel	Goldfarben	Innere Ruhe, ewiger Frieden, finanzielle Freiheit
11. Strahl	Perpetiel	Pfirsichfarben	Erfüllung, Glücklichsein
12. Strahl	Omniel	Opalfarben	Umwandlung, Wiedergeburt, Verjüngung
13. Strahl 14. Strahl	Metatron Melchizedek	Variationen zwischen weiß, perlmutter-, gold- oder magentafarben	Allumfassende Liebe, Zusammenarbeit mit der Christuskraft

Abb. 27   Die Farbstrahlen der 14 Erzengel, 2014 - Angelika D. Albrecht

Abb. 28   Schutzengel, 1972 - Wilfried Ogilvie (geb. 1929)
Unter dem Motto „Bis die Farben zusammenklingen" schuf der Maler, Bildhauer und
Architekt Wilfried Ogilvie über 15 Altargemälde für Kirchen der Christengemein-
schaft in verschiedenen Ländern. Als Architekt entwarf er mehrere Rudolf-Steiner-
Schulen und Kirchen der Christengemeinschaft. Bei der Gründung der Alanus-Hoch-
schule in Alfter und der Europa-Akademie in Isny war er beteiligt.

Kapitel 5

Die Schutzengel

Wenn du darauf vertraust,
dass ein Engel auch deinen persönlichen Weg begleitet,
wirst du entdecken, wozu du fähig bist.
Du wirst deine Einmaligkeit spüren
und den göttlichen Glanz deiner Seele.

Dr. theol. Anselm Grün (geb. 1945)
Benediktinerpater und Abt von Münsterschwarzach

Der Glaube an Schutzengel ist so alt wie die Menschheit. Viele Menschen haben schon Situationen erlebt, in denen die Anwesenheit von einem Schutzengel (Abb. 28) oder etwas Schützendes, Tröstendes, Einhüllendes intensiv spürbar war. Was im Augenblick des Erlebens innere oder sogar äußere Realität ist, wird im Nachhinein je nach kultureller Prägung und individuellem Werdegang gedanklich zugeordnet, erklärt oder auch geleugnet. Vgl.: 12)

Der persönliche Schutzengel

Jeder Mensch wird auf seinem Weg zur Erde von seinem persönlichen Schutzengel geführt. Dieser Engel begleitet die Menschenseele durch ihre verschiedenen Erdenleben hindurch und kennt ihre Wege und Strebungen, Aufgaben, Nöte und Bedrängnisse genau. Er überschaut diese Seele in ihrem gesamten Sein ebenso, wie er die geistige Welt mit ihren Gesetzen und Möglichkeiten überblickt. Aus dem unmittelbaren Anschauen des gesamten Schicksalsgewebes dieser irdischen Menschenseele gibt ihr der individuelle Schutzengel die rechten Impulse und Hinweise, wenn sie sie aufnehmen will. Er hilft und leitet die Menschenseele auf ihren notwendigen Wegen. Er kennt die Konzepte, nach denen sich der Mensch verwirklichen will und weiß um die Glücksmomente und Schicksalsschläge, die ihm dabei widerfahren.

Von Ernst Karl Plachner (1896-1982) stammt ein wunderschönes „Gebet an den Engel", das ein direkter Anruf des Menschen an seinen persönlichen Engel ist:

Du mein himmlischer Freund, mein Engel,
der Du mich zur Erde geleitet hast und mich geleiten wirst
durch die Todespforte in die Geistesheimat der Menschenseele.
Du, der Du die Wege kennst seit Jahrtausenden.
Lasse nicht ab, mich zu erhellen, mich zu durchkraften, mir zu raten,
dass ich aus dem webenden Schicksalsfeuer
als ein stärkeres Schicksalsgefäß hervorgehe
und mich immer mehr erfüllen lerne
mit dem Sinn der göttlichen Weltenziele.

Wenn du deinen Schutzengel kennen lernen möchtest, beginne einfach mit ihm zu sprechen. Mit der Zeit wirst du merken, dass er dir auf irgendeine Art antwortet. Das kann sich zum Beispiel wie eine sanfte innere Stimme anfühlen, wie ein Lufthauch oder ein Duft.

Die Schutzengel der Kinder

Kinder sind Engel Gottes,
gesandt, die Eltern zu heiligen,
zu erheben, zu schützen
und zu bewahren.
Jeremias Gotthelf (1797-1854),
Schweizer Pfarrer und Erzähler

Kinder stehen in ihren ersten Erdenjahren unter dem besonderen Schutz der Engel und haben noch ein klares Wissen von der Gegenwart ihrer geistigen Führer. Zahlreiche aus Kindermund weitergegebene Botschaften sind überliefert. Viele Menschen können dieses Wissen ihr ganzes Leben hindurch beibehalten. Den meisten geht es allerdings verloren, oder es wird ihnen „abgewöhnt".

Abb. 29a und 29b Engelbilder von Kindergartenkindern
Aus: „Der Engel - das bin ich ...“ von Christiane von Königslöw (geb. 1940)

„Wenn Kinder spüren, dass ein Erwachsener sich um die Nähe zu ihrem Engel bemüht, kann es hin und wieder geschehen, dass sie anfangen, einem von ihrem Engel zu erzählen. Kinder sind taktvoll; wenn sie den Eindruck haben, die Eltern kennen sich da nicht aus, dann erzählen sie davon auch nichts. Sie werden an Ihren Kindern ganz neue Erfahrungen machen, wenn Sie sich um diese Welt kümmern, und Sie werden merken, dass Ihre Kinder darin wie selbstverständlich leben. Sie fühlen sich auch bei Ihnen als Eltern umso wohler, je mehr sie nicht nur äußerlich, sondern auch innerlich bei Ihnen zu Hause sind."

Vgl.: Michaela Glöckler: Elternsprechstunde, Kapitel „Engel - Ihre Wirksamkeit im Leben von Kindern und Erwachsenen"

Das Aufhängen von Schutzengel-Bildern dient in erster Linie den Erwachsenen; Kinder haben eine klare Vorstellung von ihrem Schutzengel, mit dem sie sich jederzeit verbinden können.

In ihrem Buch „Der Engel - das bin ich ..." hat Christiane Königslöw (geb. 1940) - Portrait-Fotografin und Kindergärtnerin - die Spiritualität unserer Kinder im Spiegel ihrer Aussprüche und Bilder dokumentiert (Abb. 29a und 29b). Sie hat die Unterhaltungen und Antworten der Kinder aufgeschrieben sowie ihre Bilder fotografiert und zugeordnet. „Kinder malen solche Lichtgestalten (...) sie sind noch nicht ganz aus dem Himmelsglanz ausgetreten wie wir erwachsen und irdisch gewordenen Menschen, die sich das erst wieder erringen müssen. (...) So kann Nele, ein von ihr gemaltes Bild erklärend, von sich sagen: „Der Engel - das bin ich!"

Die drei Schutzengel der Kabbalah

In der jüdischen Kabbalah findest du deine drei Schutzengel für den physischen Körper, den Emotionalkörper und den Mentalkörper. Ich habe sie unter dem Kapitel „Die Drei Geburtsengel der jüdischen Kabbalah als persönliche Schutzengel des Menschen" genau aufgeführt und auch, wie du sie für dich errechnen bzw. finden kannst.

Schutzengel in Notsituationen

Die Engel brauchen einen angenommenen Körper
nicht für sich selber, sondern unseretwegen.
Thomas von Aquin (1225-1274): „Summa theologica"

Als Schutzengel werden Engel bezeichnet, die in lebensgefährlichen Situationen eingreifen dürfen, da wir in diesen Momenten meist keine Zeit mehr haben, uns mit der Bitte um Hilfe an einen Engel zu wenden. Sie sind nicht ständig präsent, treten aber plötzlich „um die Ecke" in unsere Welt ein, verrichten dort ihre Aufgabe, um dann wieder „um die Ecke" in die andere Welt hinüberzuwechseln. Doch auch Schutzengel dürfen nur helfend eingreifen, wenn es in Übereinstimmung mit dem Höheren Selbst geschieht. Soll eine Inkarnation abgebrochen werden, weil die Person sich nicht mehr geistig oder seelisch weiterentwickelt, dann darf auch ein Schutzengel einen tödlichen Unfall nicht verhindern.

Es gibt zahlreiche Berichte von Menschen, die sich in einer plötzlichen Notsituation wunderbar getragen und beschützt fühlten. Kapuzinerpater Erich Purk lässt in seinem Büchlein „Das kleine Buch vom Engel an deiner Seite" Prominente von ihren Engelbegegnungen erzählen. Begleitet von einfühlsamen Bildern von Irmtraud Schniedenharn geben sie bewegende Zeugnisse von Existenz und Wirken unserer Schutzengel.

In der Zeitschrift Guideposts wird folgendes Erlebnis von Lloyd B. Wilhide aus Keymar/Maryland aus dem Jahr 1978 beschrieben: Lloyd war damals 75 Jahre alt und wollte das Gras seiner landwirtschaftlichen Milchwirtschaft von 49 Hektar mähen. Er koppelte eine Mähmaschine an seinen Traktor, dessen Hinterräder zur Beschwerung mit 186 kg Flüssigkeit gefüllt waren. Nach getaner Arbeit stieg er vom Traktor, als der sich plötzlich nach rückwärts bewegte. Er wollte zurück auf den Führersitz springen, schaffte es aber nicht. Die Stoßstange des Traktors schlug gegen seine Knie, er fiel flach auf den Boden, und das 62 kg schwere Rad rollte über seine Brust und kam dort zum Stillstand. Zum Glück hatte er das Bewusstsein nicht verloren und schickte schmerzverzerrt ein Stoßgebet zum Himmel.

In diesem Augenblick setzte sich der Traktor in Bewegung und rollte so weit nach vorne, dass Lloyds Brust wieder frei kam. Er hatte sechs gebrochene Rippen, einige weitere Brüche und musste für 12 Tage ins Krankenhaus. Der Polizeibeamte verzichtete auf die amtliche Aufklärung des Unfalls…

Und William T. Porter aus Englewoods/Colorado beschreibt in Guideposts im April 1983 folgende Begebenheit: Seine zweieinhalbjährige Tochter war mit einem Schrei in einen 2 m breiten und 1,20 m tiefen Fischteich gefallen; als die Eltern zu Hilfe eilen wollten, stand die kleine Helen bereits sechs Meter vom Wasser entfernt, ohne dass man nasse Fußspuren erkennen konnte. Aus eigener Kraft hatte sie unmöglich aus dem Teich klettern können. Als verheiratete Frau löste Helen später ihre tief sitzende Angst vor Wasser. Einem Militärgeistlichen konnte sie endlich nach Luft schnappend erzählen: „Jetzt erinnere ich mich! Jemand in Weiß packte mich an den Schultern und zog mich heraus."

„Wie viele Schutzengel braucht der Mensch?"

Heinz Schäffer (1926-2009) dokumentierte im Alter von 74 Jahren das schicksalhafte Eingreifen seines Schutzengels im Zweiten Weltkrieg. In seiner Veröffentlichung beschreibt er, wie ihn sein Schutzengel, an den er unerschütterlich glaubte, sage und schreibe achtmal aus gefahrvollen Kriegssituationen errettete und ihn zuletzt zum Hamburger Bürger machte:

• „Im Herbst des Jahres 1940 war ich von meiner Schule für den Internatsübertritt in eine Lehrerbildungsanstalt vorgeschlagen worden. Man konnte dort mit 18 Jahren einen Abschluss machen, der einem sehr praxisbezogenen Abitur gleichkam und zum Einsatz als Volksschullehrer befähigte. Ich befand mich zu der Zeit auf einem Gut im Kreise Rummelsburg in Pommern, um bei der Kartoffelernte zu helfen. Obwohl ich gerne Lehrer geworden wäre, riet mir eine innere Stimme, diesen Schulwechsel abzulehnen, was mir mit energischem Eingreifen meiner Eltern auch gelang. Meine Mitschüler, die zur Lehrerbildungsanstalt gegangen waren, haben diesen Schritt später sehr bereut, denn sie wurden alle vorzeitig und ohne Abschluss zur Waffen-SS eingezogen."

- „Im August 1943 (…) bin ich zum Reichsarbeitsdienst einberufen worden. Nach vier Wochen bekam unsere Abteilung den Auftrag, bei den Erdarbeiten des Flugplatzes für das Führerhauptquartier in Rastenburg mitzuhelfen. Durch diesen Einsatz wurde ich einer FLAK-Einheit unterstellt und musste nicht mit an die Atlantikküste zum Bunkerbau. Viele Kameraden sind dort bei den schweren körperlichen Arbeiten verletzt worden oder sogar tödlich verunglückt. - Ich bin der Meinung, dass mein Schutzengel auch hier die Hand im Spiel gehabt hat."

- „Nach der Entlassung aus dem Reichsarbeitsdienst im Oktober 1943 durfte ich noch einmal für 14 Tage in Urlaub fahren, da meine kleine Schwester im April verstorben war. Nach dem sehr schönen Urlaub, denn in Pommern lebte man auch im Mai 1944 noch wie im tiefsten Frieden, musste ich durch das zerstörte Westdeutschland mit der Bahn nach Brest fahren, weil meine Einheit inzwischen von der Normandie in die Bretagne verlegt worden war. Die Fahrt war ein einziger Höllenritt. Die Alliierten hatten die völlige Lufthoheit gewonnen und bombten und schossen auf alles, was sich auf der Erde bewegte. Es war eindeutig, dass sie eine große militärische Aktion vorbereiteten, denn sie versuchten, insbesondere alle Transportwege zu zerschlagen. Mehrfach sind unsere Züge zerstört worden. Wir mussten immer wieder umsteigen und Umwege fahren. In Belgien, vor Lüttich, hielt der Zug mehrere Stunden. Ich war aus dem Zug gestiegen und sah, dass die FLAK-Besatzung auf dem letzten Waggon ihr Geschütz verließ und im Laufschritt in einem der nächsten Gräben Deckung suchte. Bei mir schrillten sofort die Alarmglocken; im Eiltempo lief ich die Böschung hinunter und warf mich, ohne auf den Schmutz zu achten, ebenfalls in einen Graben. Das war meine Rettung, denn unter den Zuginsassen und denen, die neben den Gleisen standen, gab es viele Tote und Verletzte. Die Flugzeuge stießen im Sturzflug so schnell auf den Zug, dass die Mehrzahl der Insassen keine Chance hatte, eine Deckung aufzusuchen. - Auch in dieser Situation hat mich mein Schutzengel nicht im Stich gelassen."

- „Von Brest aus erhielt unsere Division den Marschbefehl, die schlappen 350 km bis zur Invasionsfront in einer Woche zurückzulegen. Es sollte nur nachts marschiert werden mit einer Leistung von 50 km, weil die Tiefflieger tagsüber jedes militärische Objekt angriffen. Ich bekam am zweiten Tag sehr starke Halsbeschwerden, so dass ich vom Stabsarzt in das nächste Feldlazarett eingewiesen wurde. Dort wurde ein Mandelabszess diagnostiziert, der am nächsten Tag in Vollnarkose operiert wurde. Der Arzt erklärte mir, dass die Operation nicht ganz ungefährlich gewesen sei. Die Division hatte in den Nachtmärschen die vorgegebene Strecke von 50 km nicht erreicht. Sie bekam daher den Befehl, schon bei Tageslicht Aufstellung zu nehmen und zu marschieren. Das war eine verhängnisvolle Entscheidung. Die gegnerischen Aufklärungsflugzeuge hatten das sofort erkannt und ihre Jäger alarmiert. Die Angreifer kamen so schnell und überraschend, dass die Verluste an Menschen und Material schrecklich waren. Fast jede Kompanie hatte 25 % Ausfälle zu melden; an einen Ersatz oder eine Verstärkung war nicht zu denken. Da es kaum noch intakte Fahrzeuge gab, mussten die Soldaten den Tornister und auch die Munitionskisten selber tragen. Ich lag dagegen in einem Bett im Feldlazarett und hoffte auf meine baldige Genesung. Von den schrecklichen Erlebnissen meiner Kameraden habe ich erst später erfahren. - Mein Schutzengel hatte wieder einmal dafür gesorgt, dass ich rechtzeitig aus dem Verkehr gezogen wurde."

• „Nach 14 Tagen wurde ich zusammen mit mehreren Soldaten aus verschiedenen Waffengattungen als fronttauglich aus dem Lazarett entlassen. Wir mussten uns selbst das Transportmittel beschaffen: Es war ein französischer Linienbus, mit dem wir nach acht abenteuerlichen Nachtfahrten die Frontnähe erreichten. Von den Feldjägern, die von uns Landsern ‚Kettenhunde' genannt wurden, bekamen wir nun Informationen über die Frontabschnitte unserer Einheit. So erreichte ich nach einem längeren Fußmarsch unseren Bataillonsgefechtsstand. Hier herrschte bereits ein böses Durcheinander. Ich wurde unserem Küchenunteroffizier zugeteilt und musste bei der Zubereitung der Verpflegung für unsere Kompanie helfen. Doch plötzlich gab es auf dem Gelände große Aufregung. Ein fremder Offizier in Begleitung von Feldjägern war erschienen, um alle Soldaten ohne feste Funktionen für einen Gegenstoß einzusammeln. Die Amerikaner waren an einem Frontabschnitt durchgebrochen. Ich nutzte das chaosartige Durcheinander, um in einem für mich günstigen Augenblick unbeobachtet in ein Schützenloch zu kriechen, das ich mit einem

Ballen Stroh bedeckte. Nachdem der Lärm abgeklungen und ich sicher sein konnte, dass der Spuk vorbei war, kroch ich vorsichtig aus meinem Loch und entdeckte den Küchenunteroffizier, der sich ebenfalls vor dem gefährlichen Himmelfahrtskommando gedrückt hatte. Von den Kameraden, die beim Gegenstoß eingesetzt worden sind, habe ich nie wieder etwas gehört. - Bei der nicht ungefährlichen Befehlsverweigerung bin ich bedenkenlos der Eingebung meines Schutzengels gefolgt."

- „Bei Einbruch der Dunkelheit musste die Verpflegung für die Kompanie an die Front gefahren werden. Auf drei hintereinander gekoppelte Infanteriekarren, es waren Blechkästen mit jeweils zwei Gummirädern, wurden Essenkübel und Kaltverpflegung verstaut. Davor wurde ein Pferd gespannt, das einen gewaltigen Kontrast zu den kleinen und sehr niedrigen Karren bildete. Auf dem ersten Karren saß der Kutscher, auf dem zweiten der Küchenunteroffizier und auf dem dritte kauerte ich. In schnellem Tempo ging es auf einem breiten Feldweg dem Kanonendonner entgegen. Mein Karren hüpfte ständig hin und her. Da die Einschläge immer deutlicher zu hören waren, zog ich meinen Kopf immer weiter ein. Ein Verkriechen war auf dem kleinen Gefährt aber nicht möglich. Urplötzlich kam etwas mit einem fürchterlichen Heulton auf uns zu. Das Pferd brach instinktiv zur Seite aus und riss die Karren und uns mit in den Graben. Einige Meter vor uns war eine Granate eingeschlagen. Die gesamte Verpflegung lag ebenfalls im Graben; verletzt war Gott sei Dank niemand. Der Kutscher musste das Pferd beruhigen, während der Unteroffizier und ich die Verpflegung wieder einluden. Anschließend ging die Fahrt in schnellem Trab weiter. Unverletzt erreichten wir den Frontabschnitt unserer Kompanie. Den grauenvollen Eindruck bei unserer Ankunft gegen 23.00 Uhr werde ich nie vergessen. Bei gespenstischer Dunkelheit musste ich sofort mithelfen, die schwerverwundeten Kameraden in ein kleines Wohnhaus zu tragen. Hier sollten sie von einem Arzt und den Sanitätern ihre Erstversorgung erhalten, denn sie konnten erst im Schutze der Dunkelheit geborgen werden. Die Verluste waren riesig gewesen. In einer Woche war unsere Kompanie von 120 auf 28 Mann zusammengeschrumpft. - Bei dieser Höllenfahrt hat uns der Schutzengel ein instinktvolles Pferd geschenkt."

- „Der Fronteinsatz war für mich schockierend. Die Amerikaner griffen mit einer derartigen Übermacht an Material und Menschen an, dass wir uns wie die schutzlosen Hasen vorkamen. Ihre Angriffstaktik war immer die gleiche. Zuerst deckten sie uns mit einem ungeheuren Granatenbeschuss ein, dann folgten die Tiefflieger und Hubschrauber, die unsere noch vorhandene Feuerkraft ausschalteten, und erst dann kam der eigentliche Bodenangriff mit Panzern und in deren Schutz die Soldaten. An einem Morgen lagen wir wieder unter Dauerbeschuss. Durch verwundete und ausgefallene Kameraden hatte ich keine Verbindung mehr zu Nebenleuten. Um mich gefahrlos abzusetzen, kroch ich an einem langen Erdwall entlang. Dabei traf ich auf unseren MG-Schützen. Wir fanden unsere Lage aussichtslos und entschieden uns, unsere Stellung aufzugeben. Wie wir uns aufrichteten, standen uns, oh Schreck, auf der anderen Seite des Erdwalles drei mit Maschinenpistolen bewaffnete amerikanische Soldaten gegenüber. Was dann geschah, kann ich rational nicht mehr beschreiben. Mein Gehirn und mein Denkvermögen müssen ausgeschaltet worden sein. Mein Schutzengel muss die Regie übernommen haben. Ich muss blitzschnell in das Schützenloch gefallen sein. Während mein Kamerad und ein Amerikaner getroffen worden sind. Ob die Schüsse tödlich waren, kann ich nicht sagen. Wie lange ich in dem Loch gelegen habe und mein Verstand ausgeschaltet war, weiß ich nicht. Irgendwann bin ich aus dem Loch gekrochen und habe mich in einem tiefen Graben unter undurchsichtigem Gebüsch versteckt. Hier bin ich in einen narkoseartigen Schlaf gefallen, der nach meinem Zeitgefühl zwei Tage andauerte. Am dritten Morgen hörte ich Stimmengewirr. Ich versuchte vorsichtig zu erkunden, wer oder was das sein könnte. Doch dann überraschte mich die Aufforderung: ‚Come on Boy!' Über mir standen zwei amerikanische Sanitäter, die den rückwärtigen Kampfplatz nach Toten und Verwundeten absuchten. Damit war mein Kriegseinsatz an der Westfront des Zweiten Weltkrieges beendet. - Mein Überleben in dieser Situation war sicher die größte Tat meines Schutzengels."
- „Bei der Gefangennahme durch die beiden amerikanischen Sanitäter bin ich korrekt behandelt worden. Doch später hat man mir alle Wertsachen und Abzeichen abgenommen. Ich wurde mit einem Jeep von zwei Bewachern zu einem Auffanglager gebracht. Einer der Bewacher sprach perfekt

deutsch. Er erzählte mir, dass er mit seinen Eltern im Jahre 1938 von Danzig nach Amerika ausgewandert sei. Im Scherz schlug er mir vor, die Uniformen zu wechseln, da ich ja nun in Sicherheit sei und nach Amerika kommen würde, während er einer ungewissen Zukunft entgegen sehe. Er versorgte mich mit drei Tafeln Schokolade, die ich gierig verspeiste. Vom Auffanglager ging es mit Lkw-Transporten in ein riesiges Freilager direkt auf den Sandstrand des Atlantiks. Hier haben wir vier Wochen auf feuchtem Sand hausen müssen. Bei sehr schmaler Verpflegung wurden wir täglich zu Arbeitskommandos eingeteilt. Es waren überwiegend Leichenkommandos, die auf den umliegenden Schlachtfeldern Leichen einsammeln oder ausgraben mussten, Tote aus den Feldlazaretten abzuholen hatten, um alle Toten auf einem vorläufigen Soldatenfriedhof zu bestatten. Auf einem dieser Kommandos lernte ich einen Bewacher kennen, der Schäffer hieß und aus Chicago stammte. Er war so begeistert, einen deutschen Namensvetter zu finden, dass ich fortan unter seinem persönlichen Schutz stand. So sorgte er dafür, dass ich nicht mehr zu einem Leichenkommando eingeteilt, sondern dem Vermessungsingenieur zugeteilt wurde, der auf dem Friedhof die Gräber absteckte und Holzkreuze setzte. Auch hat er mir häufiger Verpflegung zugesteckt. Das war für mich eine tolle Überlebenshilfe. - Auch für solche Zufallsbegegnungen zeichnet mein Schutzengel verantwortlich."

- Aus der amerikanischen Gefangenschaft kam Heinz Schäffer nach dem Ende des Krieges zurück in das zerbombte Deutschland. Er landete in Hamburgs unversehrtem Stadtteil Bergedorf. Wegen eines Formfehlers bei der behördlichen An- und Ummeldung erhielt er schließlich eine Zuzugsbewilligung und wurde Hamburger Bürger. Zeit seines Lebens dankte Schäffer seinem Schutzengel dafür, dass er in diesem wunderschönen Stadtteil Hamburgs ein neues Zuhause, ja eine neue Heimat gefunden hatte.

Quelle: KG-Team, Hamburg

Kapitel 6

ATLANTIS UND SEINE ENGEL

Der Kontinent von Atlantis

Nach Rudolf Steiner begann die atlantische Zeit etwa mit dem Känozoikum, dessen Beginn vor etwa 66 Millionen Jahren angesetzt wird. Vor etwa 10.000 Jahren, mit dem Abklingen der letzten Kaltzeit, ging das atlantische Zeitalter in einer gewaltigen Flutkatastrophe unter. Der Boden dieses Landes bildet heute den Grund des Atlantischen Ozeans.
Vgl.: 05)

„Es gab zwei atlantische Zeitalter - das Engelzeitalter und das technische Zeitalter. Im ersteren waren die Atlantaner noch nicht auf materielle Nahrung angewiesen. Das änderte sich, als immer mehr Menschen entdeckten, dass sie selber Dinge erschaffen konnten. So begann das technische Zeitalter, und der Kontakt zu Gott und den Engeln geriet mehr und mehr ins Hintertreffen."
Zit.: F.E. Eckard Strohm: Engel von Atlantis

Die zwölf Königsengel von Atlantis

„Zwölf sind Euch gegeben,
zwölf sollt Ihr sein,
zwölf sollt Ihr werden,
denn zwölf ist die Zahl der Ewigkeit"
Atlantanisches Buch der Weissagung

Engel der Ewigkeit
Prinzipsatz: „Engel der Ewigkeit, hebe meinen Geist in das Bewusstsein des ewigen Lebens." Er vermittelt die Fähigkeit, die Schwerkraft zu überwinden und planetarische Energien aufzunehmen und anzuwenden.

Engel der Erde
Prinzipsatz: „Engel der Erde, lass deine Kraft in meine Zellen fließen und erneuere meinen ganzen Körper." Er vermittelt die Fähigkeit der Regeneration von Körperzellen durch Umwandlung von Erdenergie.

Engel der Kreativität
Prinzipsatz: „Engel der Kreativität, befruchte die Ideen der Menschheit und gib allen Menschen ihre Fülle." Er vermittelt die Fähigkeit der Aufnahme von Energien in das Bewusstsein und ihre Nutzung für schöpferischen Ausdruck.

Engel des Lebens
Prinzipsatz: „Engel des Lebens, ströme in meine Zellen und gib ihnen die Kraft, in meinem ganzen Körper zu fließen." Er vermittelt die Fähigkeit, Lebenskraft aus der Natur zu schöpfen.

Engel der Harmonie (Abb. 30)
Prinzipsatz: „Engel der Harmonie, sei immer in allem."
Er vermittelt die Fähigkeit, in Harmonie mit dem Universum und mit sich selbst zu leben. Der essenische Gruß „Shalom" (Der Friede sei mit dir) bringt diese Haltung zum Ausdruck.

Engel der Freude

Prinzipsatz: „Engel der Freude, lass mich die Schönheit der Natur erkennen und als Freude mich durchdringen." Er vermittelt die Fähigkeit, inneres Gleichgewicht und heitere Ruhe aus der Natur aufzunehmen.

Engel der Kraft

Prinzipsatz: „Engel der Kraft, gehe ein in die Einheit unserer tätigen Körper und leite alle unsere Taten." Er vermittelt die Fähigkeit, kosmische Kräfte in das Nervensystem zu leiten und sie für alle Bereiche zu nutzen.

Engel der Sonne

Prinzipsatz: „Engel der Sonne, ströme in mein Zentrum und gib deine Kraft des Lebens allen meinen ganzen Körpern." Er vermittelt die Fähigkeit, konzentrierte Sonnenenergie aufzunehmen und für heilerische Zwecke zu nutzen.

Engel der Liebe

Prinzipsatz: „Engel der Liebe, ströme in die Einheit unserer Gefühlskörper und reinige alle unsere Gefühle." Er vermittelt die Fähigkeit, höhere Gefühlsschwingungen anzuziehen und als universelle Liebe an alle Lebewesen weiterzugeben.

Engel des Wassers

Prinzipsatz: „Engel des Wassers, gehe ein in mein Blut und gib deinen Rhythmus des Lebens meinem ganzen Körper." Er vermittelt die Fähigkeit, den Blutkreislauf zu kontrollieren und Schmerzen zu unterbinden.

Engel der Weisheit

Prinzipsatz: „Engel der Weisheit, befruchte meine Gedanken mit dem Geist des Vaters." Er vermittelt die Fähigkeit der Telepathie und Intuition.

Engel der Luft

Prinzipsatz: „Engel der Luft, gehe ein in meinen Atem und lass deine Kraft mich ereilen." Er vermittelt die Fähigkeit, sich in die Einheit des Universums einzugliedern und Energie aus der Atmosphäre zu entnehmen.

Abb. 30   Engel der Harmonie - Ingrid Riedel-Karp (geb. 1935)
Nach Einweisung durch F.E. Eckard Strohm malte die Künstlerin die 12 atlanti-
schen Königsengel anhand von visualisierten Engel-Vorlagen. Ingrid Riedel-Karp,
Dr. theol., Dr. phil., ist Autorin zahlreicher Werke, u.a. „Engel der Wandlung -
Die Engelbilder Paul Klees".

Die 94 atlantischen Engel und ihre Aufgaben

Vgl.: F.E. Eckard Strohm: Engel von Atlantis

Aduachiel	Gerechtigkeit
Ambriel	Wissen
Ashtiel	Planungen jeder Art
Asinel	Glück
Asmodel	Liebe zu „allem-was-ist"
Asradiel	Wurzeln jeglicher Art
Asrael	Tod
Asturel	Barmherzigkeit
Auretiel	Heilwesen
Baamiel	Gewitter
Balachiel	Gelingen von Werken jeder Art
Baradiel	Gewitter mit Hagel
Baraquiel	Blitz
Beleguel	Start in neue Lebensabschnitte
Bokumiel	Musik
Cambiel	Anziehungskraft zwischen Menschen
Carbiel	Strahlen jeglicher Art
Cesariel	Schutz vor Gefahren und Feinden
Cosmoel	Glückseligkeit
Deusel	Herzenswärme
Doradoel	Energien und Schwingungen aller Art

Dosoel	Erfrischung des Körpers, des Geistes und der Seele
Eguel	Beherrschung von Kräften
Emkiel	Materielle Sicherheit
Fenel	Gnade
Gabriel*)	Feuer
Galgalliel	Sonne
Hachamel	Orientierung
Hamaliel	chemische Prozesse
Hanael	Weltordnung
Hestiel	Versöhnung
Hethetiel	Flugverkehr, Angst vor dem Fliegen
Hethitiel	Mathematik, Bauwesen
Jophaniel	Entwicklung bei Menschen, Tieren und Pflanzen
Karmael	Karma
Katzachiel	Stille, innere Einkehr
Kokbiel	Planeten des Universums
Komutiel	Kinder, Tiere
Konfertiel	Gezeiten, Biorhythmus
Konfitiel	Ernährung, Nahrungsmittel
Labael	Fortpflanzung, Schwangerschaft
Lamachael	Kraft
Libuel	Lehren und lernen
Liriel	Philosophie, Weisheit

*) nicht zu verwechseln mit Erzengel Gabriel

Malchjdael	Willen
Malequiel	Sicherheit
Matariel	Regen
Melachiel	menschliche Ordnung, Regeln
Melathiel	Lebensweg finden
Miguel	Beharrlichkeit, Durchhalten
Mizariel	Veränderung der Materie
Murjel	Magnetismus
Ophaniel	Mond
Parkaduel	Frieden, Streit schlichten
Plagiguel	Erfüllung, Vollendung
Raaschiel, Siiel	Beben im Universum
Rahathiel	Sternbilder, Astronomie, Astrologie
Ramodiel	Überwindung des Raumes
Resethiel	Wachstum von Pflanzen.
Rethiel	Kornfelder, Landwirtschaft
Riguel	Tanz, Bewegung
Rikbiel, Ruchiel	Engel des Windes
Saamiel	Besänftigung von Gefühlsausbrüche und Zorn
Saaphiel	Sturm
Sabtiel	Bewässerung, Wasserversorgung
Sailiel	Nacht, Angst vor der Nacht
Salaziel	hüten und lenken
Samanthiel	Recht, Verträge, Verhandlungen

Samotiel	Sprache, Redner, Reden
Samuel*)	Gesundheitswesen, Wohlbefinden
Sanothiel	Verkehr
Sautiel	Seefahrt, Schiffe, Häfen und Wasserstraßen
Schalgiel	Schnee, Schutz vor Schnee
Schimschiel	Tag, Tageslicht
Segosel	Physik, physikalische Forschung
Senekel	Schrift, Schriftarten, alte Schriften usw.
Seraphel	Erfinden, Schaffen, Kreativität in allen Bereichen
Shariel	Wachsamkeit, Wachen, Hilfe bei Übermüdung und Erschöpfung
Simiel	Liebe, Partnerschaftsprobleme
Siqiel	Engel der Funken (auch elektrisch), Zündung
Speradiel	Weissagung, Hellsehen, Prognosen
Sporkudiel	Konstruktion, Technik
Stamiel	Erfolg
Tarosiel	Überwindung von Gefahren, Versuchungen, Ängsten, Begierden
Tattwaiel	Freude, Lebensfreude
Therotiel	Mitgefühl, Nächstenliebe
Tutiel	körperliche, geistige und seelische Reinigung
Vennel	Opfer, Opfer von Verbrechen, Aufopferung
Verchiel	Leben, Lebensaufgaben
Zaphkiel (Cassiel)	Betrachtung, Meditation, autogenes Training
Zerosiel	Klarheit und Sauberkeit
Zuriel	Fruchtbarkeit bei Menschen, Tieren und Pflanzen; geistige Fruchtbarkeit

*) nicht zu verwechseln mit Erzengel Chamuel

Kapitel 7

DIE WESEN DES MATERIALISATIONSSTRAHLS

Die Wesenheiten des Materialisationsstrahls
bringen die göttlichen Impulse in dichtere Formen,
in die materielle Seite der Schöpfung.
Unbekannt

Der Priesterkönig Melchizedek (auch Melchisedech) steht an der Spitze der Wesen des Materialisationsstrahls.

Die Erd- oder Elemente-Engel

Alle Erdengel setzen die göttlichen Prinzipien in der Schöpfung ein. Sie machen die Schöpfung durch den Schöpfer erfahrbar. Sie greifen ein, wenn sich die Schöpfung vom göttlichen Plan abwendet. Sie arbeiten eng mit den Naturgeistern zusammen. Sie werden unterteilt in zwei Ordnungen.

1. Ordnung
- Erdengel Kristall wirkt, wenn Materie beseelt wird, z.B. Edelsteine und Kristalle mit den geistigen Wesen, durch die sie wirken. Er arbeitet mit Erzengel Jophiel zusammen.
- Erdengel Baum verbindet Himmel und Erde. Er arbeitet mit Erzengel Haniel (Hagiel) zusammen.
- Erdengel Sonne stärkt das Lichtvolle in allem Erschaffenen. Er arbeitet mit Erzengel Raphael zusammen.

2. Ordnung

- Erdengel Feuer repräsentiert den kraftvollen Lebenswillen, ist auch zuständig für Umwandlung, Erneuerung und Veränderung. Er arbeitet unter der Führung von Erzengel Michael.
- Erdengel Wasser hält den Fluss des Lebens aufrecht, bringt allem Geschaffenen Kraft. Er arbeitet unter der Führung von Erzengel Raphael.
- Erdengel Erde vollzieht die Materialisation. Er arbeitet unter der Führung von Erzengel Uriel.
- Erdengel Luft ist zuständig für Nahrung und Bewegung. Er arbeitet unter der Führung von Erzengel Raphael.

Vgl.: 03)

Die Engel der Natur

Im hebräischen Buch Henoch werden bereits die Engel der Natur genannt. Erwähnt werden der Engel des Blitzes und Donners, des Meeres, des Reifs und des Hagels. Weiter wird der Engel des Nebels genannt und es heißt, dass er aus dem Behältnis des Lichts stammt, ebenso wie die Engel des Schnees und des Frosts. Auch heißt es im Buch Henoch, dass der Engel des Taus mit dem Engel des Segens in Verbindung steht.

Die Naturgeister oder Elementarwesen

Naturgeister oder Elementarwesen sind den Engelkräften unterstellt und zehren von der Beachtung, Mitarbeit und Dankbarkeit des Menschen. Rudolf Steiner nennt folgende den Elementen zuzuordnende Gruppen von Elementarwesen:

Salamander	Feuer
Sylphen	Luft
Undinen	Wasser
Gnome	Erde

Die Elementarwesen (…) haben kein „Ich", keinen eigenständigen geistigen Wesenskern, sondern sind dienende Glieder der höheren geistigen Hierarchien. (…) Sie entstehen als Abschnürung höherer geistiger Wesenheiten, die der dritten Hierarchie (Archai, Archangeloi, Angeloi) angehören. (…) Entsprechend ihrem unselbständigen Charakter darf ihnen niemals irgendeine moralische Verantwortlichkeit für ihr Tun zugesprochen werden. Den physischen Sinnen bleiben die Elementarwesen verborgen; sie offenbaren sich nur der imaginativen seelischen Wahrnehmung.

Vgl.: 06)

Rudolf Steiner hat einen Zusammenhang dargelegt zwischen dem Verlust des wesenhaften Erlebnisses der Farbe und dem Verlust, die Elementargeister zu sehen: „Wenn das wesenhafte Erlebnis der Farbe in unserer Zeit nicht gepflegt wird und die mechanischen Theorien über die Natur der Farbe weiter in der Menschheit leben, werden Kinder zur Welt kommen, die kein Organ mehr zur Wahrnehmung der Farbe besitzen. Durch die Farbe offenbart sich das Leben. Die Menschheit aber wird nicht mehr fähig sein, die Farbe zu sehen, wie sie nicht mehr fähig ist, die in der Natur webenden Elementargeister zu sehen. Die Welt wird grau."

Lit.: Rudolf Steiner: Natur- und Geistwesen. Ihr Wirken in unserer sichtbaren Welt
Hörernotizen von 18 Vorträgen zu diesem Thema

Die Naturgeister sind für das Wachstum in der Natur zuständig, sie beseelen die Welt; sie helfen auch den Menschen, wenn diese es zulassen und sich für die Natur öffnen.

Die großen Landschaftsengel und Devas setzen die Baupläne der Pflanzen um, indem sie den kleineren Wesen, wie etwa den Blütenelfen, feinstoffliche Anweisungen geben, die diese wiederum direkt an der Pflanze verwirklichen.

Die Beschreibung der Ätherfiguration einer Landschaft findet sich im Buch von Dorothea Rapp „Margarita Woloschin". Im Kapitel „Erweiterte Bild-Räume" schreibt sie: „Der Russe erlebt die Fülle des kosmischen Lichtes und die in und mit diesem Licht zur Erde niederströmenden

göttlich-geistigen Himmelkräfte. (…) und diese ‚offene' Landschaft be-
völkert sich. Nicht nur der Mensch, auch elementare und Engel-Wesen
geben ihr ein Antlitz."

Auch im Haus bei den Menschen haben Elementarwesen Aufgaben
übernommen. Vor allem in der Landwirtschaft und in der Speisen-
herstellung können wir durch die Mithilfe der Naturgeister ungeahnte
Erfolge verzeichnen. Eines der bekanntesten Beispiele hierfür ist sicher
die Findhorn Foundation, eine spirituell orientierte Lebensgemein-
schaft in Nordschottland.

Die Menschen- oder Erdenengel

Menschenengel stehen in enger Verbindung mit den anderen Engeln die
nicht inkarniert sind. Sie arbeiten Hand in Hand und möchten die Menschen unterstützen. Daher treten immer mehr Engel mit den Menschen in
Kontakt. Das zeigt derzeit das spirituelle Erwachen. Alle Menschen- oder
Erdenengel haben ganz bestimmte Eigenschaften:

- Sie suchen alle nach einem tieferen Sinn im Leben
- Sie fühlen sich von klein auf anders wie andere, oder gar fehl am Platz,
  auch oft in der Familie
- Sie haben ein unglaubliches Helfersyndrom und stellen sich immer hinten an.
- Sie sind extrem feinfühlig und fühlen sofort, wenn etwas nicht stimmt
- Sie sind sehr schwingungsempfindlich
- Sie haben oft viele Schicksalsschläge hinter sich, oder führen einen
  Lebenskampf
- Alle haben einen unheimlich starken Glauben, der sie immer wieder wei-
  ter bringt. Dieser Glaube führt sie durch schwere Lebenssituationen und
  hilft ihnen, nicht aufzugeben
- Viele suchen nach der Gottes-Liebe, die sie so sehr vermissen und bei den
  Menschen nicht finden. Dadurch fühlen sie sich oft alleine gelassen, nicht
  anerkannt oder verstanden. Es geht soweit, dass sie sich ihre eigenen Feh-
  ler nur schwer verzeihen können

- Die Menschen- oder Erdenengel haben einen großen Hang zum Perfektionismus. Alles sollte seine Ordnung haben, sonst stimmt ihr Gefühl nicht. Ist das nicht der Fall, finden sie kaum Ruhe und fühlen sich innerlich getrieben. Darum kann ein Erdenengel ganz schwer gegen seine Gefühle handeln. Sie müssen lernen, ihre Fähigkeiten bewusst einzusetzen, um in ihre Stärke zu kommen. Wenn sie das tun, dann fühlen sie sich nicht mehr hilflos und ausgeliefert. Ihre Schwächen werden dann zu Stärken. Sie sollten lernen, mit ihrer heilenden Engelskraft zu arbeiten, denn das entspricht ihrer Basis. Es wäre sinnvoll, sich über die heilenden Engelskräfte zu informieren und sie zu erlernen, damit sie diese dann zum Wohle der Menschheit einsetzen können.

Vgl.: 11)

Doreen Virtue hat in ihrem Buch „Die neuen Engel der Erde" ausführlich über die Erdenengel geschrieben und Hunderte von ihnen kennengelernt. Sie erzählt u.a. dass diese Menschen - ob weiblich oder männlich - viel jünger erscheinen, als sie in Wirklichkeit sind und „wie Engel aussehen". Auch sie schreibt, dass der Einsatz ihrer erstaunlichen Energie zum Wohle anderer häufig als unerwünscht betrachtet wird.

Kapitel 8

DIE ENGEL DER JÜDISCHEN KABBALAH

In der jüdischen Spiritualität geht es darum, Sehen, Hören und Tun zu vereinen und als Person ganzheitlich zu handeln. Es geht darum, dein Selbst im Himmel über dir gespiegelt zu sehen und wahrzunehmen, dass der Heilige Eine dich persönlich geschaffen hat, um die Welt zu reparieren.
Rabbi Lawrence Kushner (geb. 1943) - In: „Das Buch der Wunder", 2003

Neben den 10 wichtigsten Erzengeln - Metatron, Raziel, Zaphkiel, Zadkiel, Chamuel, Michael, Raphael, Uriel, Gabriel, Sandalphon - kennt die jüdische Mystik 72 Engel, auch Genien genannt. Ihre Namen haben ihren Ursprung in dem dritten der 72 Namen des „Einzigen Gottes". Aus diesem Ursprungsbuchstaben - Jod - setzt sich das hebräische Alphabet mit seinen 22 Buchstaben zusammen. Gleichzeitig entspricht jeder Buchstabe einer Zahl, die gesetzmäßig festgelegt ist. Da die ursprüngliche ägyptisch-jüdische Schrift keine Vokale kennt, ist deren Ergänzung einerseits streng geregelt, wird aber auch willkürlich vorgenommen. Dieses Vokalisieren führt dazu, dass es von den einzelnen Kabbalah-Engeln oftmals mehrere Namen und Übersetzungen gibt. Deshalb ist bei der Zuordnung die Nummer des jeweiligen Engels von großer Bedeutung.

Jeder der 72 Kabbalah-Engel hat ganz spezielle Fähigkeiten und Wesenheiten. Wir können diese Genien bitten, uns mit ihren Eigenschaften zu helfen, um gezielt heilsam und segensreich zu wirken.

Die Strahlen der 72 Engel der Kabbalah sind wunderschön, heilsam und kraftvoll. Kommen wir mit ihnen in Kontakt, hilft uns dies, die entsprechenden Qualitäten und den jeweiligen Segen des Engels zu empfangen. Jeder Schutzengel regiert 5 Grade des Tierkreises von 360 Grad, d.h. 5 Tage eines Jahres (s. S. 122).

Das hebräische Alphabet (mit 22 Buchstaben)

א	Aleph	1	י	Jod	10	ק	Kuf	100
ב	Beis	2	כ	Kaf	20	ר	Resh	200
ג	Gimmel	3	ל	Lamed	30	ש	Shin	300
ד	Dalet	4	מ	Mem	40	ת	Tav	400
ה	He	5	נ	Nun	50			
ו	Wod	6	ס	Samech	60			
ז	Zayin	7	ע	Ayin	70			
ח	Ches	8	פ	Pey	80			
ט	Tes	9	צ	Tzadi	90			

Abb. 31   Beleuchtung einer Menora, 1299 Joseph Asarfati Jüdische Cervera-Bibel (Bibl. Nat., Lissabon)

Die 72 Kabbalah-Engel in alphabetischer Reihenfolge

Bei der Anrufung der 72 Engel der jüdischen Kabbalah wird in der religiösen Praxis eine Nachbildung der Menora (siebenarmiger Leuchter als zentraler Kultgegenstand) konkret verwendet (Abb. 31).

Überträgt man hebräische Namen ins Deutsche, ersetzt man meistens die Substantive durch Adjektive, da dies unserem Sprachgebrauch mehr entspricht. Zum Beispiel würde kein Hebräer sagen „ein geschwätziger Mensch", sondern „Ish dvarim" = ein Mensch der Worte. Der einzige Ausdruck für „göttlich" ist „Sohn Gottes". Das Hebräisch-Aramäische, das Jesus sprach (nicht zu verwechseln mit dem Syrisch-Aramäisch), verwendete noch weniger Adjektive. Die Bibel enthält deshalb Ausdrücke wie „Kinder des Lichtes" anstatt „erleuchtet" und „Sohn des Verderbens" anstelle von „verloren".
Vgl.: Richard Wurmbrand in „UR Das wahre Ziel", Ausg. 39, 2013

Die Namen der 72 Kabbalah-Engel in den einzelnen Tabellen und Aufzählungen auf einen Nenner zu bringen und die Zuordnung der hebräischen Zeichen richtig vorzunehmen, ist kein leichtes Unterfangen. Dass die Namen im Hebräischen von rechts nach links gelesen werden, ist wohl eine bekannte Tatsache.

Namen (auch in Hebräisch), Bedeutung, Nummern, Wesenheiten

Achaiah (אכא)   Nr. 07 - „Der geduldige Gott": Beharrlichkeit

Ala(h)diah (אלד)   Nr. 10 - „Der wohlgesinnte Gott": Gerechtigkeit, Gnade

Amemiah (מיה)   Nr. 52 - „Der erhabene Gott": Trennung
(Imamiah)

Anauel (ענו)   Nr. 63 - „Der milde Gott": Harmonie, Einheit
(Amianuel, Onuel)

Aniel (אני)   Nr. 37 - „Der tugendhafte Gott": zerbricht die Ketten

Ariel (אל)   Nr. 46 - „Der enthüllende Gott": Schau der Offenbarung
(Auriel)

Asaliah (עשל)
(Oshaliah)

Nr. 47 - „Gott, der gerechte Richter": Kontemplation

Aulemiah (מיה)
(Elemiah)

Nr. 04 - „Der verborgene Gott": Künstlerischer Erfolg

Caliel (כלי)
(Kaliel)

Nr. 18 - „Der erfüllende Gott": Rechtsstreitigkeiten

Damabiah (דמב)

Nr. 65 - „Gott, Quelle der Weisheit": Weisheit und Liebe

Daniel (דמב)

Nr. 50 - „Gott, der gnädige Richter": Sprachgewandtheit

Eia(i)el (איע)
(Eyaoel)

Nr. 67 - „Gott der kindlichen Freuden": Transsubstantiation*)

Haaiah (האא)

Nr. 26 - „Der im Verborgenen lauschende Gott": Feingefühl

Haamiah (חעמ)
(Chaumiah)

Nr. 38 - „Gott der Hoffnung": Ritual

Habuiah (חבו)
(Cheboiah)

Nr. 68 - „Der großzügige Gott": Heilung

Hahahel (ההה)

Nr. 41 - „Der dreieinige Gott": Spiritualität

Hahaiah (ההע)

Nr. 12 - „Der Gott der Zuflucht": Hilfe, Schutz

Hahas(h)iah (החש)

Nr. 51 - „Der verborgene Gott": universales Heilmittel

Hahuiah (חהו)
(Chahoah)

Nr. 24 - „Der gütige Gott": Schutz

Haiaiel (היי)

Nr. 71 - „Gott des Universums": Unterdrückung

Hakamiah (הקמ)

Nr. 16 - „Der sich erhebende Gott": Loyalität,
Anhänglichkeit

(Haqomiah)
Hariel (הרי)

Nr. 15 - „Der tröstende Gott": Reinigung, Klarheit

Haziel (הזי)
(Hetziel)

Nr. 09 - „Der barmherzige Gott": Vergebung von Fehlern

*) Wandlung von Wein und Brot zu Fleisch und Blut Christi während der Messe

112

Herachel (הרח)   Nr. 59 - „Der alles durchdringende Gott": Reichtum
(Harahel)

Jabamiah (יבמ)   Nr. 70 - „Gott, der alles mit seinem Wort erschafft":
(Yebemiah)   Umwandlung

Jeiaiel (ייי)   Nr. 22 - „Die rechte Hand Gottes": Ansehen
(Yeyael)

Jeiazel (ייז)   Nr. 40 - „Gott der Lebensfreude": Trost, Freude
(Yaytzael)

Jelahiah (היה)   Nr. 44 - „Der bleibende Gott": strategische Begabung
(Yelahiah)

Jeliel (אל)   Nr. 02 - „Der helfende Gott": Liebe
(Yeliel)

Jerathel (תאל)   Nr. 27 - „Gott des Vertrauens": Fortschritt,
(Yorethael)   Vervollkommnung

Jezalel (זלי)   Nr. 13 - „Der lobgepriesene Gott": Treue
(Yetzelael)

Kahethel (כהת)   Nr. 08 - „Der verehrungswürdige Gott": Wohlwollen
(Kahatael)

Kevakiah (כוק)   Nr. 35 - „Der Gott der Freude": Versöhnung
(Kaveqiah)

Lanoiah (לאו)   Nr. 17 - „Der wunderbare Gott": Offenbarung

Lauviah (לאו)   Nr. 11 - „Der gerühmte Gott": Sieg

Leha(c)hiah (להח)   Nr. 34 - „Der sanfte Gott": Gehorsam

Lek(h)abel (לכב)   Nr. 31 - „Der lehrende Gott": Entscheidungsfähigkeit
(Lekabael)

Lelahael (ללה)   Nr. 06 - „Der lobenswerte Gott": Licht

Leuviah (לאו)   Nr. 19 - „Der lauschende Gott": Wohlstand,
(Lavayah)   Erinnerungen

Mahas(h)iah (מהש)   Nr. 05 - „Der rettende Gott": Klärung

Manakel (מנק)   Nr. 66 - „Gott, der alles nährt und schafft":
(Mekel, Menaqael)   Erkenntnis von Gut und Böse

Mebahel (מבה)   Nr. 14 - „Gott, der Retter und Beschützer": Wahrheit, Freiheit

Meba(h)iah (מבה)   Nr. 55 - „Der ewige Gott": Scharfsinn, Intelligenz
(Mabaya)

Mehiel (מחי)   Nr. 64 - „Der belebende Gott": Belebung, Stärkung
(Machiel)

Melahel (מלה)   Nr. 23 - „Gott, der das Böse abwendet": Gesundheit,
                         Heilung

Menadel (דאל)   Nr. 36 - „Der verehrungswürdige Gott": Arbeit
(Menudael)

Mihael (מיה)   Nr. 48 - „Der mildtätige Gott": Schöpfung, Geburt
(Miyael)

Mikael (מיכ)   Nr. 42 - „Gott, der großzügige Vater": Organisation,
                         Diplomatie

Mitzrael (מצר)   Nr. 60 - „Gott, der die Unterdrückten befreit":
(Mizariel)   Verbesserung, Wiederaufbau

M(o)umiah (מומ)   Nr. 72 - „Gott, der das Ende aller Dinge ist":
                         Wiedergeburt, Erneuerung

Nanael (ננא)   Nr. 53 - „Gott, der die Stolzen demütigt": geistige Kraft
(Nunael)

Nelchael (נלכ)   Nr. 21 - „Der alleinige Gott": Wissen und Erkenntnis
(Nelekael)

Nememiah (נממ)   Nr. 57 - „Der liebliche Gott": schnelle Auffassungsgabe
(Namamiah)

N(u)ithael (נית)   Nr. 54 - „Der himmlische Gott": rechtmäßiges Erbe

Nith-Haiah (היה)   Nr. 25 - „Der großzügige Gott": innere Ruhe
(Nethahiah)

Omael (אומ)   Nr. 30 - „Der geduldige Gott": Vermehrung

Pahaliah (פהל)   Nr. 20 - „Der erlösende Gott": Auszeichnung

Poiel (פוי)
(Poyel)

Nr. 56 - „Der stützende Gott": Talent, Glück

Reha(u)el (רהע)

Nr. 39 - „Der Gott, der schnell vergibt": familiäre Liebe

Reijel (ריי)
(Reyiyel)

Nr. 29 - „Der erwartete Gott": Befreiung

Rochel (ריי)
(Reahel)

Nr. 69 - „Gott, der alles sieht": Rückgabe

Sealiah (סאל)

Nr. 45 - „Gott, der alles bewegt": erneut erstarkter Wille

Seeiah (שאה)
(Shaahiah)

Nr. 28 - „Gott, der das Böse akzeptiert":
ein glückliches, langes Leben

Sitael (סיט)

Nr. 03 - „Gott der Hoffnung aller Kreaturen": Verwirklichung

Umabel (ומב)
(Vamabel)

Nr. 61 - „Der unermessliche Gott": Freundschaft, Nähe

Vahoel (והו)
(Vehuel)

Nr. 49 - „Der große und gepriesene Gott":
Erhabenheit, Größe

Vasariah (ושר)
(Vesharia)

Nr. 32 - „Der gute und gerechte Gott":
Gerechtigkeit voller Gnade

Vehuiah (והו)

Nr. 01 - „Der erhabene Gott": Willenskraft

Veuliah (והו)
(Vevaliah)

Nr. 43 - „Gott, König und Herrscher": Reichtum

Yehahel (יהה)
(Jah-Hel)

Nr. 62 - „Der höchste Gott": Wunsch nach Wissen

Yehuiah (יהה)
(Yechuyah)

Nr. 33 - „Der allwissende Gott": Unterordnung

Yeilael (ייל)
(Jeialel)

Nr. 58 - „Gott, der unsere Seufzer wahrnimmt":
geistige Kraft

Vgl.: Haziel: „Mit dem eigenen Schutzengel kommunizieren"

Die 3 Geburtsengel der Kabbalah als persönliche Schutzengel des Menschen

Nach der jüdischen Kabbalah wird jeder Mensch mit drei Schutzengeln geboren, die ihn auf seinem Erdenweg begleiten und von ihm angerufen werden können.

Der **1. Geburtsengel** wird über den Geburtstag innerhalb von 5 Graden eines bestimmten Sternzeichens gefunden. Er betrifft den physischen Körper (verantwortlich für die Handlungen) des Menschen.

Aus dem Engelchor der Seraphim, unter der Führung des Erzengels Metatron

21.03. bis 25.03.	0 - 5 Grad	Widder	1. Schutzengel Vehuiah
26.03. bis 30.03.	5 - 10 Grad	Widder	2. Schutzengel Jeliel (Yeliel)
31.03. bis 04.04.	10 - 15 Grad	Widder	3. Schutzengel Sitael
05.04. bis 09.04.	15 - 10 Grad	Widder	4. Schutzengel Aulemiah (Elemiah)
10.04. bis 14.04.	20 - 25 Grad	Widder	5. Schutzengel Mahas(h)iah
15.04. bis 20.04.	25 - 30 Grad	Widder	6. Schutzengel Lelahael
21.04. bis 25.04.	0 - 5 Grad	Stier	7. Schutzengel Achaiah
26.04. bis 30.04.	5 - 10 Grad	Stier	8. Schutzengel Kahethel (Kahatael)

Aus dem Engelchor der Cherubim, unter der Führung des Erzengels Raziel

01.05. bis 05.05.	10 - 15 Grad	Stier	9. Schutzengel Haziel (Hetziel)
06.05. bis 10.05.	15 - 20 Grad	Stier	10. Schutzengel Ala(h)diah
11.05. bis 15.05.	20 - 25 Grad	Stier	11. Schutzengel Lauviah
16.05. bis 20.05.	25 - 30 Grad	Stier	12. Schutzengel Hahaiah
21.05. bis 25.05.	0 - 5 Grad	Zwillinge	13. Schutzengel Jezalel (Yetzelael)
26.05. bis 31.05.	5 - 10 Grad	Zwillinge	14. Schutzengel Mebahel
01.06. bis 05.06.	10 - 15 Grad	Zwillinge	15. Schutzengel Hariel
06.06. bis 10.06.	15 – 20 Grad	Zwillinge	16. Schutzengel Hakamiah (Haqomiah)

Aus dem Engelchor der Throne, unter Führung des Erzengels Binael

11.06. bis 15.06.	20 - 25 Grad	Zwillinge	17. Schutzengel Lanoiah
16.06. bis 21.06.	25 - 30 Grad	Zwillinge	18. Schutzengel Caliel (Kaliel)
22.06. bis 26.06.	0 - 5 Grad	Krebs	19. Schutzengel Leuviah (Lavayah)
27.06. bis 01.07.	5 - 10 Grad	Krebs	20. Schutzengel Pahaliah

02.07. bis 06.07.	10 - 15 Grad	Krebs	21. Schutzengel Nelchael (Nelakael)
07.07. bis 11.07.	15 - 20 Grad	Krebs	22. Schutzengel Jeiaiel (Yeyael)
12.07. bis 16.07.	20 - 25 Grad	Krebs	23. Schutzengel Melahel
17.07. bis 22.07.	25 - 30 Grad	Krebs	24. Schutzengel Hahuiah (Chahoah)

Aus dem Engelchor der Herrschaften, unter der Führung des Erzengels Hesediel

23.07. bis 27.07.	0 - 5 Grad	Löwe	25. Schutzengel Nith-Haiah (Nethahiah)
08.07. bis 01.08.	5 - 10 Grad	Löwe	26. Schutzengel Haaiah
02.08. bis 06.08.	10 - 15 Grad	Löwe	27. Schutzengel Jerathel (Yorethael)
07.08. bis 12.08.	15 - 20 Grad	Löwe	28. Schutzengel Seeiah (Shaahiah)
13.08. bis 17.08.	20 - 25 Grad	Löwe	29. Schutzengel Reijel (Reyiyel)
18.08. bis 22.08.	25 - 30 Grad	Löwe	30. Schutzengel Omael
23.08. bis 28.08.	0 - 5 Grad	Jungfrau	31. Schutzengel Lek(h)abel (Lekabael)
29.08. bis 02.09.	5 - 10 Grad	Jungfrau	32. Schutzengel Vasariah (Vesharia)

Aus dem Engelchor der Mächte, unter Führung des Erzengels Chamuel

03.09. bis 07.09.	10 - 15 Grad	Jungfrau	33. Schutzengel Yehuiah (Yechuyah)
08.09. bis 12.09.	15 - 20 Grad	Jungfrau	34. Schutzengel Leha(c)hiah
13.09. bis 17.09.	20 - 25 Grad	Jungfrau	35. Schutzengel Kevakiah (Kaveqiah)
18.09. bis 23.09.	25 - 30 Grad	Jungfrau	36. Schutzengel Menadel
24.09. bis 28.09.	0 - 5 Grad	Waage	37. Schutzengel Aniel
29.09. bis 03.10.	5 - 10 Grad	Waage	38. Schutzengel Haamiah (Chaumiah)
04.10. bis 08.10.	10 - 15 Grad	Waage	39. Schutzengel Reha(u)el
09.10. bis 13.10.	15 - 20 Grad	Waage	40. Schutzengel Jeiazel (Yaytzael)

Aus dem Engelchor der Tugenden, unter Führung des Erzengels Raphael

14.10. bis 18.10,.	20 - 25 Grad	Waage	41. Schutzengel Hahahel
19.10. bis 23.10.	25 - 30 Grad	Waage	42. Schutzengel Mikael
24.10. bis 28.10.	0 - 10 Grad	Skorpion	43. Schutzengel Veuliah (Vevaliah)
29.10. bis 02.11.	5 - 10 Grad	Skorpion	44. Schutzengel Jelahiah (Yelahiah)
03.11. bis 07.11.	10 - 15 Grad	Skorpion	45. Schutzengel Sealiah
08.11. bis 12.11.	15 - 20 Grad	Skorpion	46. Schutzengel Ariel (Auriel)
13.11. bis 17.11.	20 - 25 Grad	Skorpion	47. Schutzengel Asaliah (Oshalah)
18.11. bis 22.11.	25 - 30 Grad	Skorpion	48. Schutzengel Mihael (Miyael)

Aus dem Engelchor der Fürstentümer, unter Führung des Erzengels Uriel (Anael)

23.11. bis 27.11.	0 - 5 Grad	Schütze	49. Schutzengel Vahoel (Vehuel)
28.11. bis 02.12.	5 – 10 Grad	Schütze	50. Schutzengel Daniel
03.12. bis 07.12.	10 - 15 Grad	Schütze	51. Schutzengel Hahas(h)iah
08.12. bis 12.12.	15 - 20 Grad	Schütze	52. Schutzengel Amamiah (Imamiah)
13.12. bis 16.12.	20 - 25 Grad	Schütze	53. Schutzengel Nanael (Nunael)
17.12. bis 21.12.	25 - 30 Grad	Schütze	54. Schutzengel N(u)ithael
22.12. bis 26.12.	0 - 5 Grad	Steinbock	55. Schutzengel Meba(h)iah (Mabayah)
27.12. bis 31.12.	5 - 10 Grad	Steinbock	56. Schutzengel Poiel (Poyel)

Aus dem Engelchor der Angeloi, unter 1. Führung des Erzengels Michael

01.01. bis 05.01.	10 - 15 Grad	Steinbock	57. Schutzengel Nememiah (Namamiah)
06.01. bis 10.01.	15 - 20 Grad	Steinbock	58. Schutzengel Yeilael (Jeialel)
11.01. bis 15.01.	20 - 25 Grad	Steinbock	59. Schutzengel Herachel (Harahel)
16.01. bis 20.01.	25 - 30 Grad	Steinbock	60. Schutzengel Mitzrael (Mizariel)
21.01. bis 25.01.	0 - 5 Grad	Wassermann	61. Schutzengel Umabel (Vamabel)
26.01. bis 30.01.	5 -10 Grad	Wassermann	62. Schutzengel Yehahel (Jah-hel)
31.01. bis 04.02.	10 - 15 Grad	Wassermann	63. Schutzengel Anauel (Amianuel, Onuel)
05.02. bis 09.02.	15 - 20 Grad	Wassermann	64. Schutzengel Mehiel (Machiel)

Aus dem Engelchor der Angeloi, unter 2. Führung des Erzengels Gabriel

10.02. bis 14.02.	20 - 25 Grad	Wassermann	65. Schutzengel Damabiah
15.02. bis 19.02.	25 - 30 Grad	Wassermann	66. Schutzengel Manakel (Mekel, Menakael)
20.02. bis 24.02.	0 - 5 Grad	Fische	67. Schutzengel Eia(i)el (Eyaoel)
25.02. bis 29.02.	5 - 10 Grad	Fische	68. Schutzengel Habuiah (Cheboiah)
01.03. bis 05.03.	10 - 15 Grad	Fische	69. Schutzengel Rochel (Reahel)
06.03. bis 10.03.	15 - 20 Grad	Fische	70. Schutzengel Jabamiah (Yebemiah)
11.03. bis 15.03.	20 - 25 Grad	Fische	71. Schutzengel Haiaiel
16.03. bis 20.03.	25 - 30 Grad	Fische	72. Schutzengel M(o)umiah

Der **2. Geburtsengel** wird über das genaue Geburtsdatum gefunden und betrifft den Emotionalkörper (verantwortlich für die Gefühle) des Menschen.

Der **3. Geburtsengel** wird über die Geburtszeit gefunden, die sich auf genau 20 Minuten innerhalb einer bestimmten Stunde bezieht. Sie betrifft den Mentalkörper (verantwortlich für die Gedanken) des Menschen und dürfte der am schwersten zu ermittelnde Parameter sein. Abgesehen vom häufig fehlenden Wissen über die genaue Geburtsstunde, kommt erschwerend hinzu, dass die gesetzliche Zeit deiner Geburt in Deutschland, Österreich und der Schweiz meist nicht der Sonnenzeit (GMT = Greenwhich Mean Time) entspricht. Seit 1.4.1893 gilt für Deutschland die Mitteleuropäische Zeit (MEZ = GMT + 1 Stunde; bei Sommerzeit GMT + 2 oder 3 Stunden). Um die Sonnenzeit deiner Geburtsstunde zu erhalten, musst du diese zusätzlichen Stunden von deiner Geburtszeit abziehen. Im Buch „Die Engel Deines Lebens" von Jean-Marie Paffenhoff findest du neben Wissenswertem über die Beziehungen der Engel in der jüdisch-christlichen und kabbalistischen Tradition und ihren Überlieferungen an die Menschen auch Tabellen und Anleitungen zur Findung der genauen Sonnenzeit deiner Geburtsstunde.

Name des Kabbalah-Engels und seine Nummer	Emotionalkörper 2. Geburtsengel	Mentalkörper 3. Geburtsengel
ENGEL DES WILLENS		
(01) Vehuiah	21.03., 03.06., 17.08., 30.10., 09.01.	00:00 - 00:20 Uhr
(02) Jeliel (Yeliel)	22.03., 04.06., 18./19.08., 31.10., 10.01.	00:20 - 00:40 Uhr
(03) Sitael	23.03., 05.06., 19./20.08., 01.11., 11.01.	00:40 - 01:00 Uhr
(04) Aulemiah (Elemiah)	24.03., 06.06., 21.08., 02.11., 12.01.	01:00 - 01:20 Uhr
(05) Mahas(h)iah	25.03., 07.06., 22.08., 03.11., 13.01.	01:20 - 01:40 Uhr
(06) Lelahael	26.03., 08.06., 23.08., 04.11., 14.01.	01:40 - 02:00 Uhr
(07) Achaiah	27.03., 09.06., 24.08., 05.11., 15.01.	02:00 - 02:20 Uhr
(08) Kahethel (Kahatael)	28.03., 10.06., 25.08., 06.11., 16.01.	02:20 - 02:40 Uhr

Name des Kabbalah-Engels und seine Nummer	Emotionalkörper 2. Geburtsengel	Mentalkörper 3. Geburtsengel
ENGEL DER WEISHEIT		
(09) Haziel (Hetziel)	29.03., 11.06., 26.08., 07.11., 17.01.	02:40 - 03:00 Uhr
(10) Ala(h)diah	30.03., 13./14.06., 27.08., 08.11., 18.01.	03:00 - 03:20 Uhr
(11) Lauviah	31.03., 12./13.06., 28.08., 09.11., 19.01.	03:20 - 03:40 Uhr
(12) Hahaiah	01.04., 15.06., 29.08., 10.11., 20.01.	03:40 - 04:00 Uhr
(13) Jezalel (Yetzelael)	02.04., 16.06., 30.08., 11.11., 21.01.	04:00 - 04:20 Uhr
(14) Mebahel	03.04., 17.06., 31.08., 12.11., 22.01.	04:20 - 04:40 Uhr
(15) Hariel	04.04., 18.06., 01.09., 13.11., 23.01.	04:40 - 05:00 Uhr
(16) Hakamiah (Haqomiah)	05.04., 19.06., 02.09., 14.11., 24.01.	05:00 - 05:20 Uhr
ENGEL DER INTELLIGENZ		
(17) Lanoiah	06.04., 20.06., 03.09., 15.11., 24.01.	05:20 - 05:40 Uhr
(18) Caliel (Kaliel)	07.04., 21.06., 03.09., 15.11., 24.01.	05:40 - 06:00 Uhr
(19) Leuviah (Lavayah)	08.04., 22.06., 04.09., 16.11., 25.01.	06:00 - 06:20 Uhr
(20) Pahaliah	09.04., 23.06., 05.09., 17.11., 26.01.	06:20 - 06:40 Uhr
(21) Nelchael (Nelakael)	10.04., 24.06., 07.09., 18.11., 27.01.	06:40 - 07:00 Uhr
(22) Jeiaiel (Yeyael)	11.04., 25.06., 08.09., 20.11., 28.01.	07:00 - 07:20 Uhr
(23) Melahel	12.04., 26.06., 09.09., 21.11., 29.01.	07:20 - 07:40 Uhr
(24) Hahuiah (Chahoah)	13.04., 27.06., 10.09., 22.11., 31.01.	07:40 - 08:00 Uhr
ENGEL DER BARMHERZIGKEIT		
(25) Nith-Haiah (Nethahiah)	14.04., 28.06., 12.09., 23.11., 01.02.	08:00 - 08:20 Uhr
(26) Haaiah	15.04., 29.06., 13.09., 24.11., 02.02.	08:20 - 08:40 Uhr
(27) Jerathel (Yorethael)	16./17.04., 30.06., 14.09., 25.11., 03.02.	08:40 - 09:00 Uhr
(28) Seeiah (Shaahiah)	17./18.04., 01.07., 15.09., 26.11., 04.02.	09:00 - 09:20 Uhr
(29) Reijel (Reyiyel)	19.04., 02.07., 16.09., 27.11., 05.02.	09:20 - 09:40 Uhr
(30) Omael	20.04., 03.07., 17.09., 28.11., 06.02.	09:40 - 10:00 Uhr
(31) Lek(h)abel (Lekabael)	21.04., 04./05.07., 18.09., 29.11., 07.02.	10:00 - 10:20 Uhr
(32) Vasariah (Vesharia)	22.04., 05./06.07., 19.09., 30.11., 08.02.	10:20 - 10:40 Uhr
ENGEL DER KRAFT		
(33) Yehuiah	23.04., 07.07., 20.09., 01.12., 09.02.	10:40 - 11:00 Uhr
(34) Leha(c)hiah	24.04., 08.07., 21.09., 02.12., 10.02.	11:00 - 11:20 Uhr
(35) Kevakiah (Khaveqiah)	25.04., 09.07., 22.09., 03.12., 11.02.	11:20 - 11:40 Uhr
(36) Menadel	26.04., 10.07., 23.09., 04.12., 12.02.	11:40 - 12:00 Uhr
(37) Aniel	27.04., 11.07., 24.09., 05.12., 12.02.	12:00 - 12:20 Uhr
(38) Haamiah (Chaumiah)	28.04., 12.07., 25.09., 06.12., 14.02.	12:20 - 12:40 Uhr
(39) Reha(u)el	29.04., 13.07., 26.09., 07.12., 15.02.	12:40 - 13:00 Uhr
(40) Jeiazel (Yatzael)	30.04., 14.07., 27.09., 08.12., 16.02.	13:00 - 13:20 Uhr

Name des Kabbalah-Engels und seine Nummer	Emotionalkörper 2. Geburtsengel	Mentalkörper 3. Geburtsengel
ENGEL DER SCHÖNHEIT		
(41) Hahahel	01.05., 15.07., 28.09., 09.12., 17.02.	13:20 - 13:40 Uhr
(42) Mikael	02.05., 16.07., 29.09., 10.12., 18.02.	13:40 - 14:00 Uhr
(43) Veuliah (Vevaliah)	03.05., 17.07., 30.09., 11.12., 19.02.	14:00 - 14:20 Uhr
(44) Jelahiah (Yelahiah)	04.05., 18.07., 01.10., 12.12., 20.02.	14:20 - 14:40 Uhr
(45) Sealiah	05.05., 19.07., 02.10., 13.12., 21.02.	14:40 - 15:00 Uhr
(46) Ariel (Auriel)	06.05., 20.07., 03.10., 14.12., 22.02.	15:00 - 15:20 Uhr
(47) Asaliah (Oshaliah)	07.05., 21.07., 04.10., 15.12., 23.02.	15:20 - 15:40 Uhr
(48) Mihael (Miyael)	08.05., 22.07., 05.10., 16.12., 24.02.	15:40 - 16:00 Uhr
ENGEL DES SIEGES		
(49) Vahoel (Vehuel)	09.05., 23.07., 06.10., 17.12., 25.02.	16:00 - 16:20 Uhr
(50) Daniel	10.05., 24.07., 07.10., 18.12., 26.02.	16:20 - 16:40 Uhr
(51) Hahas(h)iah	11.05., 25./26.07., 08.10., 19.12., 27.02.	16:40 - 17:00 Uhr
(52) Amemiah (Imamiah)	12.05., 27.07., 09.10., 20.12., 28./29.02.	17:00 - 17:20 Uhr
(53) Nanael (Nunael)	13.05., 28.07., 10.10., 21.12., 01.03.	17:20 - 17:40 Uhr
(54) N(u)ithael	14.05., 29.07., 11.10., 22.12., 02.03.	17:40 - 18:00 Uhr
(55) Meba(h)iah (Mabayah)	15.05., 30.07., 12.10., 23.12., 03.03.	18:00 - 18:20 Uhr
(56) Poiel (Poyel)	16.05., 31.07., 13.10., 24.12., 04.03.	18:20 - 18:40 Uhr
ENGEL DER HERRLICHKEIT		
(57) Nememiah (Namamiah)	17.05., 01.08., 14.10., 25.12., 05.03.	18:40 - 19:00 Uhr
(58) Yeilael (Jeialel)	18.05., 02.08., 15.10., 26.12., 06.03.	19:00 - 19:20 Uhr
(59) Herachel (Harahel)	19./20.05., 03.08., 16.10., 27.12., 07.03.	19:20 - 19:40 Uhr
(60) Mitzrael (Mizariel)	20./21.05., 04.08., 17.10., 27.12., 08.03.	19:40 - 20:00 Uhr
(61) Umabel (Vamabel)	22.05., 05.08., 18.10., 28.12., 09.03.	20:00 - 20:20 Uhr
(62) Yehahel (Jah-hel)	23.05., 06.08., 19.10., 29.12., 10.03.	20:20 - 20:40 Uhr
(63) Anauel (Amianuel, Onuel)	24.05., 07.08., 20.10., 30.12., 11.03.	20:40 - 21:00 Uhr
(64) Mehiel (Machiel)	25.05., 08.08., 21.10., 31.12., 12.03.	21:00 - 21:20 Uhr
ENGEL DER GRUNDLAGE		
(65) Damabiah	26.05., 09.08., 22.10., 01.01., 13.03.	21:20 - 21:40 Uhr
(66) Manakel (Mekel, Menaqoel)	27.05., 10.08., 23.10., 02.01., 14.03.	21:40 - 22:00 Uhr
(67) Eia(i)el (Eyaoel)	28.05., 11.08., 24.10., 03.01., 15.03.	22:00 - 22:20 Uhr
(68) Habuiah (Cheboiah)	29.05., 12.08., 25.10., 04.01., 16.03.	22:20 - 22:40 Uhr
(69) Rochel (Reahel)	30.05., 13.08., 26.10., 05.01., 17.03.	22:40 - 23:00 Uhr
(70) Jabamiah (Yebemiah)	31.05., 14.08., 27.10., 06.01., 18.03.	23:00 - 23:20 Uhr
(71) Haiaiel	01.06., 15.08., 28.10., 07.01., 19.03.	23:20 - 23:40 Uhr
(72) M(o)umiah	02.06., 16.08., 29.10., 08.01., 20.03.	23:40 - 24:00 Uhr

Quelle: 20)

Die fünf Engeltage

Am ersten Tag unseres Lebens beginnt unser erster Schutzengel, über uns zu wachen. Am Tag darauf übernimmt der Engel, der als nächster Schutzengel kommt, das Wächteramt. Am zweiten Tag nach unserer Geburt der übernächste und so weiter. Da es 72 Kabbalah-Schutzengel gibt, übernimmt am 73. Tag nach unserer Geburt wieder der Engel unserer Geburt unseren besonderen Schutz. Dieses „Rotationsprinzip" (72 + 1) ist von unserer Geburt an aktiv, Tag um Tag, Jahr für Jahr.

Ein Beispiel: Hat ein Mensch am 28. Juni Geburtstag, beginnt man am 29. Juni zu zählen bis zum 72. Tag. Am 73. Tag nach dem Geburtstag kann unser Schutzengel (z.B. Pahaliah) erneut seine volle Macht entfalten. An unserem Beispiel ist es der 9. September. Und wieder fangen wir an, bis 72 zu zählen, und zwar mit dem 10. September. 73 Tage später kommt Pahaliah mit seiner Macht erneut, und zwar am 21. November. 73 Tage weitergezählt, ist es der 2. Februar, weitere 73 Tage später ist es der 16. April, und weitere 73 Tage kommen wir wieder zum 28. Juni, dem Geburtstag. Jeder dieser fünf Tage ist ein Kanal, der sich alle 73 Tage öffnet, damit wir mit unserem persönlichen Schutzengel in Verbindung treten können. Zählt man in einem Schaltjahr, so muss für den 29. Februar ein Tag addiert werden, also 73 + 1.

Die fünf Spitzen des „flammenden Sterns" (Abb. 32) zeigen uns die fünf Tage, an denen wir in direkte Verbindung mit unserem Schutzengel treten können. Der Buchstabe „G" in der Mitte des Fünfsterns bedeutet im freimaurerischen Kontext Gott, Geometrie, Geselle, Gnosis und Gold. Kabbalistisch entspricht der Buchstabe „G" dem hebräischen Buchstaben „Ghimel", der den Zahlenwert 73 aufweist, wenn er ganz ausgeschrieben wird. Legt man den „flammenden Stern" über den Tierkreis, markiert er den Startpunkt der Rotation der Schutzengel.

Vgl.: Haziel: „Mit dem eigenen Schutzengel kommunizieren"

Abb. 32   Flammender Stern im Tierkreis, 2014 - Collage: Angelika D. Albrecht

Kapitel 9

Die Tierkreiszeichen-Engel

Die Sterne sind nur der Vater deines Schicksals.
Die Mutter ist deine eigene Seele.

Johannes Kepler (1571-1630)

Auf dem größten Kreis am Himmelsgewölbe, der Ekliptik, bewegt sich die Sonne von der Erde aus gesehen Jahr für Jahr. Der Umfang eines Kreises beträgt 360 Grad, der in 12 Abschnitte zu je 30 Grad unterteilt wird. Diese Sektionen sind die Tierkreiszeichen. Der Bereich, in dem sich die Sonne zum Zeitpunkt deiner Geburt befindet, ist dein spezielles Tierkreiszeichen. Das astrologische Jahr beginnt am 21. März im Tierkreiszeichen Widder. Jedem dieser 12 Tierkreiszeichen ist ein besonderer Engel zugeordnet. Mit seinen Helferengeln sorgt er dafür, dass der betreffende Mensch bei seiner Weiterentwicklung unterstützt und beschützt wird.

Die Tierkreiszeichen-Engel sagen viel aus über dein Lernthema sowie deine besonderen Gaben und Fähigkeiten. Sie helfen dir, die Herausforderungen in deinem Leben anzunehmen und zu vollziehen.

Vgl.: Birgit Aulich: „Die Engel der Tierkreiszeichen"

Zur Erfüllung deiner Aufgaben und zu deiner höheren Entwicklung bist du auf die Erde gekommen. Um es mit den Worten des großen Universalgenies Johann-Wolfgang von Goethe (1749-1832) auszudrücken:

Wie an dem Tag, der dich der Welt verliehen,
Die Sonne stand zum Gruße der Planeten,
Bist alsobald und fort und fort gediehen
Nach dem Gesetz, wonach du angetreten.
So musst du sein, dir kannst du nicht entfliehen,
So sagten schon Sibyllen, so Propheten;
Und keine Zeit und keine Macht zerstückelt
Geprägte Form, die lebend sich entwickelt.

Widder - 21.03. bis 20.04.

Engel Machidiel - „Schützt vor Fehlentscheidungen"
Thema: Wachstum, Respekt
Machidiel symbolisiert Stärke und Aufbruch. Er schützt vor Fehlentscheidungen. Machidiel ist ein kluger Kämpfer. Er ermahnt dich vor Risiken.
Eigenschaften: schnelle Aktionen, Anfänge, pure Energie, Stärke, Einfluss, Führungskraft, Begeisterung

Stier - 21.04. bis 21.05.

Engel Asmodel - „Der Lebenskraft gibt"
Themen: Reichtum, Entwicklung
Asmodel ist ein mächtiger Engel der göttlichen Liebe und der Nächstenliebe. Er sporni Personen dazu an, sich in neue Richtungen zu begeben. Er lehrt Menschen die Freude an der Natur. Er hilft bei Angelegenheiten, die Geduld benötigen.
Eigenschaften: Einkommen, Stärke, Planung, Vermögen

Zwillinge - 22.05. bis 21.06.

Engel Ambriel - „Der lenkt und leitet"
Themen: Wissen, Kommunikation
Ambriel lenkt und leitet dich. Er bringt dich in Kontakt mit anderen Menschen. Er schützt dich vor Labilität und Beeinflussung von Dritten.
Eigenschaften: Ideen, Geschwister, mentale Energien, kurze Reisen

Krebs - 22.06. bis 22.07.

Engel Muriel - „Stärkt deine inneren Kräfte"
Themen: Sensibilität, Frieden
Engel Muriel schützt die Familie und schenkt viel Gefühl. Er stärkt auch deine inneren Kräfte.
Eigenschaften: Heim, Familie, Abstammung, emotionale Energien, Intuition

Löwe - 23.07. bis 22.08.

Engel Verchiel - „Engel der Kraft und des Selbstbewusstseins"
Themen: Wille, Achtsamkeit
Verchiel verleiht dir Kraft und Selbstbewusstsein.
Er warnt auch vor Übermut. Sorgt für Ansehen und Achtung.
Eigenschaften: Liebe, Loyalität, Leidenschaft, Wohltätigkeit

Jungfrau - 24.08. bis 23.09.

Engel Hamaliel - „Hilft gegen Verbitterung und Einsamkeit"
Themen: Ordnung, Einsicht
Hamaliel ist einer der Schutzengel für Kinder. Er sorgt für Ordnung im
Leben und stärkt die Gesundheit. Er verhilft zu mehr Logik.
Eigenschaften: Dienstleistungen, Pflicht, Perfektion, Forschung, Eleganz,
Details, Gesundheit

Waage - 24.09. bis 23.10.

Erzengel Uriel - „Hilft in allen Lebenslagen"
Themen: Ausgeglichenheit, Schönheit
Uriel stiftet Frieden und schafft Harmonie im Leben. Er ist dein Helfer
in allen Angelegenheiten. Er gleicht die Fehler der Menschen aus.
Eigenschaften: Harmonie, Balance, Rechtsberatung, Beziehungen

Skorpion - 24.10. bis 22.11.

Erzengel Barbiel - „Engel der Wunder"
Themen: Sterben, Wiedergeburt
Barbiel ist einer der Schutzengel für Kinder. Er sorgt für Vertrauen in
Partnerschaften und hütet die Leidenschaft der Liebe. Engel Barbiel hilft
dir, keine unbedachten Wünsche zu äußern.
Eigenschaften: Okkultismus, Träume, Spiritualität, Tod, Leben nach dem Tod

Schütze - 23.11. bis 21.12.

Engel Adnachiel (Advachiel) - „Der Leuchtende"
Themen: Offenheit, Freiheit
Adnachiel ist der Freund der Gerechtigkeit. Er sorgt für Toleranz und sendet uns Menschen die Idee vom göttlichen Funken.
Eigenschaften: Religion, Hingabe, Reisen, Freiheit, Studien

Steinbock - 22.12. bis 20.01.

Erzengel Haniel - „Die Herrlichkeit der Gnade Gottes"
Themen: Anmut, Gelassenheit
Haniel ist dein zuverlässiger Engel, der dir hilft, neue Lebenswege zu gehen. Er hilft, die Ausdauer und die Stärke aufzubringen, um im Leben zu bestehen.
Eigenschaften: Unterricht, dynamische Kraft, Karriere, Status, Ehre

Wassermann - 22.01. bis 18.02.

Erzengel Gabriel - „Nimmt alle Zweifel"
Themen: Empfänglichkeit, Kreativität
Erzengel Gabriel nimmt dir die Zweifel daran, im Leben nicht zu bestehen. Er schenkt Mut und gibt dir das Gefühl, nicht allein zu sein.
Eigenschaften: Freundschaften, Hoffnungen, Wünsche, Belohnungen

Fische - 19.02. bis 20.03.

Erzengel Barachiel - „Der himmlische Seher"
Themen: Mitgefühl, Bewusstheit
Erzengel Barachiel ist der himmlische Seher. Er hilft dir bei Beziehungs-ängsten und verleiht dir Zuversicht. Von ihm erhältst du Richtung und Bewusstsein für deine Ziele.
Eigenschaften: Geheimnisse, Intuition, innere Stärke, Karma

Quellen: 15), 22)

Kapitel 10

DIE MONATS- UND WOCHENTAGSENGEL

Engel sind Verkünder der göttlichen Stille. (…)
Da wir durch unsere Vernunft verstehen können,
was die Engel uns verkünden,
helfen sie unserer Vernunft
mit der Helligkeit ihres eigenen Lichts,
die Geheimnisse Gottes zu begreifen.
Thomas von Aquin (1225-1274)

Es gibt für jeden Kalendermonat einen speziellen Engel. Seine jeweiligen Eigenschaften können dir helfen, dich mit ihm in Verbindung zu setzen und deine Fürbitten an ihn zu richten. Dies gelingt dir am besten, wenn du in die absolute Stille kommst. Sie ist Voraussetzung, dass sich der Engel auf dich einlässt und deine Bitte weitergibt, sofern sie erfüllt werden darf.

Die Engel der Wochentage haben bestimmte Attribute und Qualitäten. Mit ihrer Hilfe, kommst du in den richtigen Kontakt zu ihnen. Sie freuen sich darauf, dir in deinem Alltag unterstützend zur Seite zu stehen, wenn du sie rufst.

Die Monatsengel

Cambriel - Engel des Monats Januar
Bedingungslose Liebe, Vergebung, Loslassen

Ammixiel - Engel des Monats Februar
Geduld, Weisheit

Machidiel - Engel des Monats März
Schutz vor Fehlentscheidungen, Mut für neue Anforderungen, Vernunft, Weitsicht, Begeisterung

Asmod(i)el - Engel des Monats April
Ruhe, Bewusstsein, Fülle des Seins

Ambriel - Engel des Monats Mai
Geistiges Wachstum, Kommunikation

Muriel - Engel des Monats Juni
Göttliches Licht, Christus-Weisheit und -Energie, reine Gefühle

Verchiel - Engel des Monats Juli
Lebensgestaltung, Intellekt, Sprache, Lernen (Mathematik)

Hamaliel - Engel des Monats August
Logisches Denken, alles Lebendige, göttliche Schöpferkraft

Uriel - Engel des Monats September
Ideen, Literatur, Musik, Harmonie

Barachiel - Engel des Monats Oktober
Kraft; Schutz vor allem, was schadet

Adnachiel - Engel des Monats November
Freiheit, Unabhängigkeit, Ehrlichkeit, Offenheit; Anerkennung der Hilfe, Unterstützung und Lektionen von anderen; Dank für bereichernde Beziehungen

Haniel - Engel des Monats Dezember
Kosmisches Urprinzip von Ursache und Wirkung

Vgl.: 24b)

Die Wochentagsengel und ihre Symbole

Michael ist der Sonntag-Engel

Erzengel Michael fördert Klarheit, Struktur und Mut. Er reinigt und klärt jede Situation. Er hilft, die eigene Kraft anzunehmen, Unerledigtes anzugehen. Er gibt Schutz und Stärke. Er fördert Wahrheit und Aufrichtigkeit.

Jophiel (Oriphiel) ist der Montag-Engel

Er hilft, die eigene Schöpferkraft zu erkennen, zu verstehen und anzuwenden. Er gibt dir Klarheit, was zu tun ist, wo du stehst. Er fördert deine Selbstverwirklichung und Unterscheidungskraft.

Chamuel (Samuel, Camael) ist der Dienstag-Engel

Erzengel Chamuel fördert deine Harmonie, Kreativität und emotionale Heilung. Er hilft in Beziehungen und Partnerschaft. Er verleiht dir Leichtigkeit und Beschwingtheit.

Gabriel ist der Mittwoch-Engel

Erzengel Gabriel hilft, Lebensfreude zu spüren und zu leben. Er steht für Neubeginn, Veränderung. Er stärkt die Hoffnung und lässt Wünsche klar werden.

Raphael ist der Donnerstag-Engel

Erzengel Raphael steht für Heilung auf allen Ebenen. Er hilft bei der Transformation der Vergangenheit. Er lässt dich erkennen, was du brauchst, um heil zu werden. Er steht auch für Stärkung und Erneuerung.

Uriel ist der Freitag-Engel

Erzengel Uriel schafft Lebensfreude und Kraft, Struktur und Ordnung. Er hilft, die materielle Welt zu meistern und bringt Reichtum und Spiritualität in Einklang.

Zadkiel (Zachariel) ist der Samstag-Engel

Erzengel Zadkiel ist der Engel der Gnade. Er hilft, ungeliebte Anteile und Schattenseiten anzunehmen. Deine Fähigkeiten und Gaben werden mit seiner Hilfe genutzt. Er verleiht Weisheit und Wissen.

Quelle: 18) (Engelsymbole)

Kapitel 11

DIE MUSIK DER ENGEL

Wer sich die Musik erkiest,
hat ein himmlisch' Gut gewonnen.
Denn ihr erster Ursprung ist
von dem Himmel selbst genommen.
Wenn einst in der letzten Zeit
alle Ding' wie Rauch vergehen,
bleibet in der Ewigkeit
doch die Musik noch bestehen,
weil die Engel insgeheim
selbsten Musikanten sein.

Eduard Mörike (1804-1875)

Abb. 33a   Posaunen-Engel
Ekklesiameister (1225-1240)
Engelspfeiler (mittlere Zone)
Straßburger Münster (Südquerhaus)
Höhe des Bündelpfeilers: 18,80 m

Abb. 33b   Harfenengel, 1619
Nicolaus Storant, Meiningen
Holzbildtafel (Westempore)

Das Engellied

Es sitzen drei Engel Hand in Hand
mit kleinen Heiligenscheinen
hoch auf des Mondes Silberrand
und baumeln mit den Beinen.

Sie singen ein himmlisches Lied dazu,
das sie Frau Maria gelehrt.
Das haben weder ich noch du,
weder du noch ich gehört.

Sie singen ein himmlisches Lied dazu,
ihr Lied das geht im Wind.
Das kennen weder ich noch du,
weil wir keine Englein sind.

Manfred Kyber*)

Wir können uns die Engelwelt in dauernder Tätigkeit denken - wie die Musiker eines Orchesters; nur gehen von ihr nicht Töne, sondern Kräfte aus, die aber aufeinander abgestimmt sind wie die Klänge einer Symphonie, und die wie eine Symphonie die Erdenwelt und Menschenseelen in Schwingung, in innere Bewegung versetzt.

Lit.: Hans-Werner Schroeder: Mensch und Engel, S. 36/37

Zu allen Zeiten der Menschheitsgeschichte wurden Künstler inspiriert, Engel als Musikanten darzustellen (Abb. 33a, 33b, 33c). Im Alten und Neuen Testament sind besonders Harfe und Posaune als himmlische Musikinstrumente vor allem in den Psalmen beschrieben, aber auch Posaunen, Trompeten, Geigen, Psalter, Lauten, Zimbeln, Tamburin, Schellen, „allerlei Saitenspiel" und das jüdische Schopharhorn. In der Apokalypse (Off 8,9) ertönen beispielsweise sieben Posaunen, durch die von Engeln jeweils eine neue Epoche des Erdenwerdens eingeleitet wird. Die Bibelstellen, in denen Singen und Musizieren von Engeln erwähnt werden, sind Legion.

„(…) Die himmlischen Wesen lieben die Musik, weil sie selbst Musik sind. (…) Ob sie nun von Instrumenten oder Stimmen kommen. (…) Die von Tönen erzeugten Schwingungen haben durch ihre Intensität eine immense Wirkung auf unsere psychischen und geistigen Körper. Es ist also wichtig, sich der Wirkungen der Musik bewusst zu werden (…), um für den Besuch der Engelwesen eine günstige Atmosphäre zu erschaffen."

Zit.: Omraam Mikhael Aivanhov (1900-1986)

Abb. 33c   Das Engellied, 2014 - Angelika D. Albrecht

*) Manfred Kyber (1880-1933), deutscher Schriftsteller, Theaterkritiker, Dramatiker, Lyriker, Übersetzer und Tierschützer deutschbaltischer Herkunft, der vor allem durch seine ungewöhnlichen Tiergeschichten bekannt geworden ist, schrieb 1902 ein Engellied, das als wunderschöne Chormusik von Detlef Müller-Hanxleden (geb. 1965) vertont wurde.

Abb. 34   Engelbotschaft an die Hirten auf dem Felde:
„Fürchtet euch nicht. Euch ist heute der Heiland geboren…" (Luk 2,11)

Wandgemälde in der Kapelle auf den Hirtenfeldern in Beit Sahur
(palästinensische Stadt östlich von Bethlehem im Westjordanland)

Kapitel 12

DIE BOTSCHAFTEN DER ENGEL

Eine der schönsten Hilfen der Engel sind die guten Einfälle,
die sie uns zukommen lassen -
oft in den entscheidenden Augenblicken des Lebens.
Unbekannt

„Die weihnachtliche Stille ist der Raum,
in dem wir offen sind für die Botschaften des Engels."
Dr. theol. Anselm Grün (geb. 1945)

„Die Engel schlagen die Brücke zwischen Himmel und Erde, zwischen Gott
und den Menschen: Sie sind Zwischenwesen und Boten Gottes. Allein ihre
Botschaft zählt, nicht ihr Aussehen. Sie verkünden Freude und Frieden,
Gottes Nähe und Zuwendung, seinen Schutz und sein Geleit. So verkörpern
sie - körperlos und geistig - Gott in seinen vielfältigen Möglichkeiten."
Zit.: Helge Adolphsen, Hauptpastor vom Hamburger Michel am 24.11.2003

Engel sind im Alten Testament 68-mal erwähnt. Im Neuen Testament, das
von seinem Umfang her weniger als ein Drittel des Alten Testamentes aus-
macht, kommen sie sage und schreibe über 120-mal vor, also etwa doppelt
so oft. Daraus könnte man schließen, dass sie zwar schon immer wichtig
waren, seit wir Jesus kennen, aber wohl eindeutig an Bedeutung zugenom-
men haben. Vor allem am Anfang und Ende von Jesu Erdenleben ist häufig
von den Engeln in den Evangelien die Rede. Erzengel Gabriel verkündet
Maria die Botschaft, dass sie Gottes Sohn gebären wird. Engel verkünden
den Hirten die Geburt Jesu (Lk 2,10-11) (Abb. 34), Engel deuten den Frauen
am leeren Grab das Ostergeschehen und beauftragen sie, das, was sie erlebt
haben, weiterzusagen (Mt 28,1-8). Nach der Himmelfahrt Jesu werden
Magdalena und die Jünger, die Augenzeugen dieses Geschehens waren, von

Engeln an ihren Missionsauftrag erinnert und gleichzeitig mit der Aussicht auf die Wiederkunft Christi getröstet. So machen die Boten Gottes nun Menschen zu Boten und Botinnen des Evangeliums (Apg 1,10-11).

Emanuel Swedenborg (1688-1772), schwedischer Wissenschaftler, Mystiker und Theosoph, der seine Werke ausschließlich in lateinischer Sprache verfasste, hat sich in seinen umfangreichen Werken (z. B. Himmlische Geheimnisse, Die Weisheit der Engel, Das Leben nach dem Tod) auch mit der Sprache der Engel befasst. Er führt u. a. aus, dass sie tönendes Gefühl und redendes Denken sei, dass die Engel an den Vokalen die Liebe und die Gesinnung der Menschen wahrnehmen, dass die himmlische Sprache keine harten Konsonanten kennt und selten von einem Konsonanten in den anderen übergeht. Swedenborg, der seine Erkenntnisse durch geistige Belehrungen empfangen hat, führt außerdem aus, dass im Himmel alle eine Universalsprache sprechen, die von allen verstanden wird. (…) „In diese Fähigkeit gelangen die vom Erdenleben zurückkehrenden Seelen sogleich nach ihrem Leibestode. Es lieben dann die guten Führungsgeister nichts mehr, als die unwissenden Neuankömmlinge darin zu belehren."

Die Botschaften der Engel tauchen in den Gedanken der Menschen auf. Daher sind sie immer beeinflusst von den Denkfähigkeiten und vor allem den Begriffen der jeweiligen Menschen. Faust beschwört den Erdgeist, dieser erscheint. Am Ende entschwindet er mit den Worten: „Du gleichst dem Geist, den du begreifst. Nicht mir." (J. W. v. Goethe - Faust Teil 1, Nacht)

Kapitel 13

Kommunikation mit den Engeln

Was für eine unwiderstehliche Vorstellung:
Eine höhere Macht glaubt an uns,
umhegt uns liebevoll
und lässt uns zugleich alle Freiheiten.
Unbekannt

Engel sind die Boten des Heils im göttlichen Auftrag, ohne doch selbst Götter zu sein. Sie sind Emanationen Gottes auf höchster geistiger Ebene. Es sind vollkommene Wesen von strahlender Schönheit. Sie dienen Gott in Liebe und Freude. Sie sind unsere Brüder und Schwestern auf der geistigen Ebene. Wenn wir in Kommunikation mit den Engeln treten, tragen sie unsere Gebete vor den Höchsten Thron als Fürsprecher unserer speziellen Anliegen. So sind die Engel auf zahlreichen Darstellungen mit betenden Händen abgebildet. Wir beten also mit den Engeln und nicht zu ihnen. Gott allein gebührt Ehre und Anbetung. Obwohl die westliche und östliche Kirche bildliche Darstellungen von Gott zeigt, entzieht sich sein Äußeres jeglicher einheitlicher Abbildung. Das Hauptwerk von Matthias Grünewald (1470-1528) zeigt ihn zum Beispiel auf der „Menschwerdungstafel" des Isenheimer Altars in weißen Umrissen skizziert, als einen langbärtigen Mann, der in der linken Hand einen Reichsapfel und in der rechten ein Zepter hält; er erscheint zwischen Wolken in einem orangefarbenen Strahlenkranz. Doch jeder, der Gebete an Gott richtet, sollte seine eigene Vorstellung von dieser allerhöchsten Wesenheit haben.

„Viele Maler haben sich bis in die Gegenwart in der Darstellung von Engeln versucht. Sie stimmen dabei alle in den Hauptmerkmalen überein. (…) Manchmal übermittelt die Fingerhaltung die deutlichste Botschaft, ein anderes Mal die bewegte Gestalt. … Auf nahezu allen Engeldarstellungen fällt der überaus wache, ernste und wissende Blick auf. Engel haben Flügel, die ihre Leichtigkeit, Kraft und Beweglichkeit ausstrahlen. Oft halten Engel Musikinstrumente in den Händen, um mit ihrer Musik Gott zu preisen. Die vollkommene Harmonie, die sich in großen Musikwerken ausspricht, nennen wir gern ‚himmlisch'. (…) Auch sagen wir, wenn wir eine schöne Stimme hören: Er oder sie sang wie ein Engel. Überhaupt wird das Wort ‚Engel' in der Umgangssprache häufig gebraucht. Wie oft wird gesagt: ‚Du bist wirklich ein Engel', selbst wenn vielleicht nur im richtigen Moment eine Briefmarke zur Hand ist. Wenn das Richtige zum richtigen Zeitpunkt geschieht, empfinden wir dies wie eine überirdische Gnade, wie ein Geschenk des Himmels, wie ein Engelereignis. Ähnlich ist es mit den moralischen Qualitäten des Menschen. Wir sprechen von Engelsgeduld, Engelsgüte, warten können wie ein Engel. (…) Es ist von weitreichender Bedeutung für das Verhältnis zu unserem Engel, ob wir das Gebet üben oder es nicht tun. Deshalb ist es gut, wenn schon die Kinder das Beten lernen dürfen und die andächtige Stimmung erleben, in der die Engel anwesend sind."

Vgl.: Michaela Glöckler: Elternsprechstunde, Kapitel „Engel - Ihre Wirksamkeit im Leben von Kindern und Erwachsenen"

H. W. Schroeder: Mensch und Engel. I. Die Wirklichkeit der Engel

Im Islam und im jüdisch-orthodoxen Glauben wird Gott in Schriftzeichen wiedergegeben - Allah (arab. „الرحمن", als einen von 99 Namen für Gott) und Jahwe (hebr. יהוה). Im Hinduismus gibt es mehrere „Götter", allen voran Brahma. Shintoismus und Buddhismus kennen keinen „Allmächtigen Gott", sondern viele Götter.

Jeder Mensch wird von Anbeginn von einem Engel durch alle seine Inkarnationen begleitet. Dieser weiß um alle karmischen Verstrickungen und hilft seinem Schutzbefohlenen, im jeweiligen Erdenleben zu seiner Aufgabe und Weiterentwicklung zu finden.

„Seinem Engel näher zu kommen heißt, beten zu lernen für sich und andere. Menschen mit guten Gedanken und Wünschen zu begleiten, ruft Kräfte in der Seele wach, die dem Engel eigen sind. Wer sich fragt - Was kann ich zum Wohl meiner Mitmenschen beitragen? Was kann ich zu einer positiven

Veränderung der Weltverhältnisse beitragen? - nähert sich seinem Engel an, denn dieser rechnet mit dem Mut zur Entwicklung und vertraut auf den Menschen, mit dem er geht."

Vgl.: Michaela Glöckler: Elternsprechstunde, Kapitel „Engel - Ihre Wirksamkeit im Leben von Kindern und Erwachsenen"

Die Idee, dass Engel einen Menschen sein ganzes Leben lang begleiten, existiert in allen traditionellen Kulturen. Im Christentum und der jüdischen Kabbalah z.B. heißen sie Schutzengel, im Hinduismus sind es die Halbgötter Devas.

Engel sind immer um uns, auch ohne dass wir sie anrufen. Sie begleiten uns als persönlicher Engel bei der Geburt, während unseres ganzen Lebens und beim Tod. Engel lieben es, bei Familienanlässen mit uns zu feiern und zu tanzen. Sie sind unter uns bei Taufe, Kommunion/Konfirmation/Bar Mitzwa und ähnlichen Einweihungen, bei Hochzeiten, wenn wir musizieren, wenn wir beten oder während Gottesdiensten.

Vgl.: Diana Cooper: Der Engel-Ratgeber

Wie die Engel es bewerkstelligen, dass sie gleichzeitig an vielen Orten der Welt sein können, entzieht sich unserem Vorstellungsvermögen, weil unser Wissen von Entfernung, Zeit und Geschwindigkeit nur unzureichend ist, gemessen an den kosmischen Räumen und Möglichkeiten. Im Film „Himmel über Berlin" lässt Wim Wenders den Erzengel Cassiel (Zaphkiel) sprechen: „Wir sind die Boten ... in weiter Ferne so nah." (…) Man könnte sich auch vorstellen, dass die Engel sich bei ihrem Wirken eines energetischen Farbstrahls bedienen. (…) Da nach Thomas von Aquin die Engel von ihrer eigenen Natur her nicht körperlich sind, müssen sie aber dennoch in ihrer Beziehung zu den Menschen bzw. bei der Beherrschung des Universums die Fähigkeit haben, Körper anzunehmen (s. dazu auch Kapitel 1, Altes Testament).

Vgl.: Rupert Sheldrake & Matthew Fox: Engel - die kosmische Intelligenz, S. 142/143

Mit den Engeln beten

Für alle Lebensbereiche gibt es neben den Erzengeln eine Vielzahl weiterer geistiger Wesen, die deine Gebete verstärken und als Boten weitertragen. In der Bibel spricht Erzengel Raphael zu Tobias: „Ich habe Dein Gebet dem Herrn überbracht." (Tob 12,12)

Du kannst dich gedanklich mit den Engeln in Verbindung setzen. Entspanne dich. Atme einige Male tief ein und aus. Wenn du willst, kannst du eine Kerze anzünden und die Hände zum Gebet aneinander legen. Unsere beiden Körperhälften und unsere Organe verbinden sich dadurch zu einer harmonischen Einheit. Nun formuliere dein Gebet laut oder leise und bitte einen Engel um Fürsprache vor dem Höchsten Thron. So fließen Trost und Frieden, Kraft und Stärke in dich ein.

Wenn wir um die Heilung eines bestimmten Tieres bitten, dann sollten wir klar ausdrücken, ob es sich um einen Hund, eine Katze, ein Pferd oder eine andere Tiergattung handelt. Sofern das Tier einen Namen hat, sollte dieser dazu gesprochen werden. Wir können das Gebet auch aus der Ferne sprechen, sollten uns zuvor aber mit dem Tier gedanklich verbinden.

Willst du für Sterbende und Verstorbene mit den Engeln beten, dann spreche von diesen Menschen als Seelen und nenne ihre Namen.

Die Erzengel, die für die Jahreszeiten zuständig sind, haben viele Helfer, die ebenfalls im Gebet gerufen werden können. Für den Frühling steht Erzengel Raphael seinen Helferengeln vor, für den Sommer ist es Erzengel Uriel (Anael), der seine Engel ausschickt, für den Herbst ist Erzengel Michael mit seinen Engeln zuständig und für den Winter Erzengel Gabriel mit seinen Helfern.

Folgende Sprüche und Gebete sind Anregungen. Formuliere deine Anliegen mit deinen eigenen Worten.

Erzengel Jophiel,
ich rufe Dich als Hüter der göttlichen Schönheit. Sei Bote meiner Bitte, den weiteren Missbrauch der Menschen an der Natur zu verhindern.

Erzengel Melchizedek,
ich rufe und bitte Dich. Sei himmlischer Vermittler, dass überall im Kosmos Liebe, Wahrheit und Schönheit, Vertrauen, Harmonie und Frieden sein möge. Amen.

Abb. 35   Engel der Tiere Komutiel, 2014 - Angelika D. Albrecht

Gebet für Tiere

„O Gott. Höre unser Gebet für unsere Freunde, die Tiere, besonders für alle die Tiere, die gejagt werden oder sich verlaufen haben oder hungrig und verlassen sind und sich fürchten; für alle, die eingeschläfert werden müssen. Für sie alle erbitten wir Deine Gnade und Dein Erbarmen, und für alle, die mit ihnen umgehen, erbitten wir ein mitfühlendes Herz, eine sanfte Hand und ein freundliches Wort. Mache uns selbst zu wahren Freunden der Tiere und lass uns so teilhaben am Glück der Barmherzigen."

Albert Schweitzer[*]

[*] Albert Schweitzer (geb. 1875 im Elsass/Frankreich, gest. 1965 in Gabun/Afrika), Universalgenie, Arzt und Erzieher sowie Friedensnobelpreisträger.

Engel der Tiere Komutiel (Abb. 35),
bitte kämpfe für die Heilung dieses Tieres, damit es durch Gottes Wunder genese.

Erzengel Azrael,
bitte tröste alle Trauernden und lasse sie ihren Schmerz überwinden. So sei es.

Erzengel Barachiel (Abb. 22),
verleihe uns mehr Mitgefühl, emotionale Tiefe und Bewusstheit.
Hilf, unsere inneren Stärken zu entwickeln. Amen.

Erzengel Jehudiel,
bitte komme mit Deinem Lichtschwert der Gnade und erlöse diese aufgestiegene Seele von aller Schuld aus diesem Leben und allen vergangenen Dimensionen.

Erzengel Michael (Abb. 18),
wir rufen und bitten dich, mit deinem Schwert der Liebe, uns von allen Verstrickungen zu befreien. Schütze uns in schwierigen Momenten unseres Lebens und vor allem Bösen. Hüter der Sonne, schenke uns Licht und Erleuchtung. Führe uns auf den spirituellen Pfad und in ein lichtes Zeitalter. Befreie die Erde und ihre Bewohner von Giftstoffen, die aus der Angst entstehen. Hilf uns, bei unseren eigenen Überzeugungen zu bleiben und die richtigen Entscheidungen zu treffen. Stärke unsere Selbstachtung und unser Selbstwertgefühl. Nimm uns die Angst und gib uns klare Anweisungen für unsere nächsten Schritte. Verleihe uns Mut, Energie, Vitalität und Motivation. Wir danken dir. Amen.

Engel der Vergebung (Abb. 36),
ich rufe und bitte dich. Lass uns gemeinsam beten, dass allen Völkern, die in der Vergangenheit und Gegenwart Kriege angezettelt haben und dadurch den Menschen Leid, Hunger, Vertreibung, Gefangenschaft und Tod gebracht haben, Vergebung gewährt wird. Hilf ihnen zu erkennen, welches Unrecht sie in die Welt gebracht haben und wie sie sich ihren Mitbrüdern und Mitschwestern gegenüber schuldig gemacht haben. Bringe sie in ein Gebet, in dem sie darum bitten, dass Gott an allen alten Schlachtfeldern, an früheren Orten der Hinrichtung, der Zerstörung, von Verbrechen und Katastrophen Lichtsäulen errichtet. Ich danke Dir.

Amatiel - Engel des Frühlings,
wir bitten Dich um die Erneuerung der Natur, um den Samen der Hoffnung, der Wiedergeburt und des Neubeginns. Säe positive Erwartungen in unser Herz und in unseren Geist. Erwirke, dass wir vor Naturkatastrophen verschont bleiben.

Gargatel - Engel des Sommers,
lass uns heil durch die heiße Jahreszeit kommen und erwirke im Namen von Erzengel Uriel, dass wir mit unseren Lieben eine fröhliche und erholsame Ferienzeit verbringen dürfen. Amen.

Gubarel - Engel des Herbstes,
hilf, dass wir in dieser Jahreszeit des Herbstes vor zerstörerischen Stürmen verschont bleiben. Wir danken Dir.

Schalgiel – Engel des Winters,
beschütze uns vor den Unbilden der winterlichen Naturgewalten. Lasse uns und unsere Kindern die Freuden der winterlichen Landschaften genießen.

Suiel - Engel der Beben,
hilf uns Menschen, mit den Folgen eines Erdbebens zurecht zu kommen und schütze gefährdete Menschen.

Abb. 36　Engel der Vergebung - Therese Kniepeiß, Graz

Zamiel - Engel der Barmherzigkeit,
gib uns Menschen die Kraft, nach einem Hurrikan die Schäden zu beseiti-
gen und neuen Mut zu schöpfen.

Kapitel 14

Sprüche und Gebete

Wir verlassen nicht Christus,
um den Engeln zu dienen,
sondern wollen gerade durch die Engel
zu Christus hingeführt werden.

Adolf Rodewyk (1894-1989) - deutscher Jesuitenpater

Für den Tag

„Morgengebet an Gott Vater"
Vater im Himmel, bitte schicke mir heute Deine
Engel zu Hilfe, auf dass sie mir beistehen, wenn
ich sie anrufe. Hilf mir, von Deiner Perspektive
der Liebe aus zu leben und mein Eins-Sein mit
allem, was lebt, zu erkennen. Amen.

„Geleitspruch"
Engel, der Du mich begleitest,
gib Vertrauen mir und Mut.
Auf dem Weg, wo Du mich leitest,
geh' ich sicher recht und gut.

Unbekannt

„Morgenspruch"
Der Sonne Licht
es hellt den Tag
nach finst'rer Nacht:
Der Seele Kraft
sie ist erwacht
aus Schlafes Ruh'.
Du meine Seele,
sei dankbar dem Licht
es leuchtet in ihm
des Gottes Macht;
du meine Seele,
sei tüchtig zur Tat.

Rudolf Steiner, 1919

„Segensspruch"
In Dich ströme Licht, das Dich ergreifen kann.
Ich begleite seine Strahlen mit meiner Liebe Wärme,
Ich denke mit meines Denkens besten Frohgedanken an Deines Herzens Regungen.
Sie sollen dich stärken, sie sollen dich tragen, sie sollen dich klären.
Ich möchte sammeln vor deinen Lebensschritten meine Frohgedanken,
dass sie sich verbinden deinem Lebenswillen und er in Stärke sich finde
in aller Welt immer mehr durch sich selbst.

Rudolf Steiner

Tischsprüche

„Indem wir das Essen mit einem Gebet beginnen, danken wir dem Herrn, der uns die Nahrung geschenkt hat. Aber das ist nicht alles; unsere Gebete tragen auch dazu bei, diese Nahrung günstig zu beeinflussen, damit unser Organismus sie besser assimilieren kann.

Bevor sie auf unseren Tisch kommen, sind die Nahrungsmittel an allen möglichen Orten gewesen. Sie wurden verarbeitet, verpackt, transportiert, und sind uns dadurch in gewisser Weise fremd. Deshalb ist es gut, einige Vorkehrungen zu treffen, bevor wir sie in uns aufnehmen. Welche Art von Vorkehrungen? Nehmt zum Beispiel eine Frucht, haltet sie mit Respekt in der Hand, schaut sie an, sprecht in Gedanken freundlich zu ihr, dankt ihr für das Leben, das sie euch bringen wird. Dadurch wird etwas in ihr verwandelt und sie wird euch gegenüber viel besser eingestellt sein. Sobald ihr sie dann in den Mund steckt, fängt sie an, für euch zu arbeiten. Das Geheimnis, damit sich die Nahrung für euch öffnet, ist, sie zugänglich zu machen und zu wärmen; und die Wärme ist die Liebe. Deshalb rate ich euch, keine Nahrungsmittel zu essen, die ihr nicht mögt, weil sie sich in eurem Organismus wie Feinde verhalten würden. Und wenn ihr aus irgendeinem Grund doch gezwungen seid, sie zu essen, so bemüht euch, sie mit ein wenig Sympathie zu betrachten."

Zit.: Omraam Mikhael Aivanhov (1900-1986)

Tischsprüche werden heutzutage kaum noch in den Familien gepflegt. Man reagiert meist peinlich auf derartige Vorstellungen und vermeidet solche Gebete schließlich ganz. Dabei geht viel verloren an familiärer Gemeinsamkeit, wäre doch die abschließende Handreichung in der Runde oft die einzige Möglichkeit am Tag, sich liebevoll zu berühren und anzulächeln. Außerdem unterbleibt die Dankbarkeit an „Mutter Erde" für die Speisen, die sie mit Hilfe von Sonne und Regen hat wachsen lassen. Das Bewusstsein, dass Menschen die Früchte ernten und zurichten, ist vielfach abhanden gekommen, da die Arbeit der Bauern durch Technik und Gesetze ihre Wertschätzung verloren hat.

Da es kaum moderne Darstellungen von Menschen in einer Runde beim Tischgebet gibt, eignet sich dazu das „Abendmahl" von Leonardo da Vinci immer noch am besten (Abb. 37).

*Abb. 37   Das Abendmahl –
Leonardo da Vinci (1452-1519).
Fresko im Refektorium des
Dominikanerklosters Santa
Maria delle Grazie, Mailand.
Originalzustand der Wand-
malerei nach der letzten
Restaurierung (von 1980-1999).
Das Werk steht heute unter dem
Schutz der UNESCO.*

Vielleicht findest du unter den nachfolgend aufgeführten Tischsprüchen einen Text, der deiner ganzen Familie gefällt und der von allen gemeinsam gesprochen werden möchte. Möglicherweise ist es aber auch besser, wenn sich dafür ein Familienmitglied bereit erklärt. Ihr könnt euch natürlich auch eueren eigenen Tischspruch ausdenken.

Auch allein lebende Menschen werden feststellen, welche Bereicherung ein gesprochener oder stummer Tischspruch sein kann.

Es keimen die Pflanzen in der Erdennacht.
Es sprossen die Kräuter durch der Luft Gewalt.
Es reifen die Früchte durch der Sonne Macht.
So keimet die Seele in des Herzens Schrein.
So sprosset des Geistes Macht im Licht der Welt.
So reifet des Menschen Kraft in Gottes Schein.
Rudolf Steiner

In diesen Früchten, o Mutter Erde,
ruht das Geheimnis deiner Sonnenkraft.
Gib, Gott, dass in uns wirksam werde
Dein Geist, der alles lenkt und schafft.
Rudolf Steiner

Das Brot vom Korn, das Korn vom Licht,
das Licht aus Gottes Angesicht.
Die Frucht der Erde aus Gottes Schein,
lass Licht auch werden im Herzen mein.

Rudolf Steiner

Lieber gütiger, barmherziger, himmlischer Vater,
im Namen Jesus Christus bitten wir Dich,
durchströme und lade diese Speisen
und Getränke mit Deinem göttlichen Licht
und Deiner unendlichen Liebe,
damit Friede, Harmonie und
Gesundheit bei uns einkehren.

Unbekannt

Wir danken den Kühen,
die uns die Milch geschenkt,
Wir danken den Menschen,
die sie zu uns gelenkt
als Butter, Käse, Sahne, Joghurt und Quark,
damit wir bleiben gesund und stark.

Angelika D. Albrecht

Erde, die uns dies gebracht,
Sonne, die es reif gemacht,
liebe Sonne, liebe Erde,
euer nie vergessen werde.

Christian Morgenstern (1871-1914)

„Gebet vor dem Essen"
O Gott, von dem wir alles haben,
wir preisen Dich für Deine Gaben.
Du speisest uns, weil Du uns liebst,
drum segne auch, was Du uns gibst.
Amen.

„Gebet nach dem Essen"
Dir sei, o Gott, für Speis' und Trank,
für alles Gute Lob und Dank.
Du gabst, Du wirst auch ferner geben,
Dich preise unser ganzes Leben.
Amen.

Überliefert

149

Abb. 38   Abendgebet
„Müde bin ich, geh' zur Ruh"
Kupferstich um 1850.
Unterhalb der Darstellung
in der Druckplatte ist die
erste Strophe des Gebetes
abgedruckt.

Abendgebete

Wie heilsam und entspannend laut oder innerlich gesprochene Abendge-
bete oder Abendlieder sein können, werden alle jene erleben, die diesen
Ritus pflegen. Die Engel anzurufen hilft, die Ereignisse des Tages loszulas-
sen und am Morgen befreit zu erwachen.

Jedes Abendgebet kann mit folgendem Spruch eingeleitet werden, bei dem man
sich einen weißen Lichtstrahl vorstellt, der von oben in einen hineinströmt.

Licht vom Schöpfergott ströme in mich.
Es möge mir in die Entspannung und Ruhe
für eine erholsame Nacht verhelfen. Amen.

Müde bin ich, geh' zur Ruh'

Volksweise von Luise Hensel (1798-1876)

1. Mü - de bin ich, geh' zur Ruh,
schlie - ße mei - ne Au - gen zu;
Va - ter, laß die Au - gen dein
ü - ber mei - nem Bet - te sein!

Von Kopf bis zum Fuß
bin ich Gottes Bild,
vom Herzen bis in die Hände
fühl' ich Gottes Hauch.
Sprech' ich mit dem Munde,
folg' ich Gottes Willen.
Wenn ich Gott erblicke,
überall - in Mutter, Vater,
in allen lieben Menschen,
in Tier und Blume,
in Baum und Stein,
gibt Furcht mir nichts,
nur Liebe zu allem,
was um mich ist.

Rudolf Steiner

Ein Engel beschützt mich, hält über mir Wacht.
Er ist immer um mich, bei Tag und bei Nacht.
Ich kann ihn nicht sehen, doch er hört mir zu,
er passt auf mich auf, was immer ich tu'.

Andrea Schacht

Lieber Gott, nun schlaf ich ein,
schicke mir ein Engelein,
dass es treulich bei mir wacht
durch die ganze lange Nacht.
Schütze alle, die ich lieb,
alles Unrecht mir vergib.
Kommt der helle Morgenschein,
lass mich wieder glücklich sein.

Unbekannt

Gebete zur Mutter Maria

Mutter Maria, „Königin der Engel" (Abb. 39),
hilf mir, meinen Mitmenschen den Glauben an die Engel zurück zu geben.
Du weißt, dass jedes Kind noch seinen Schutzengel kennt, der es auf seinem Weg zur Erde begleitet hat und eines Tages zurück bringen wird in die geistige Heimat. Lasse die Menschen verstehen, dass wir mit den Engeln beten können und sie unsere Anrufungen zur höchsten himmlischen Instanz tragen. Ich danke Dir. Amen.

Das „Ave Maria" gehört nach dem „Vaterunser" zu den meistgesprochenen Gebeten der Christenheit und ist auch Bestandteil des Angelus (Stundengebet „Engel des Herrn") und des Rosenkranzes.

Abb. 39 Jungfrau Maria mit Kind und vier Engeln - Gerard David (ca. 1460-1523), holländischer Buchillustrator, der für seine fantastischen Farben berühmt war. Das Bild befindet sich im Metropolitan Museum of Art in New York City.

Das „Ave Maria" der römisch-katholischen und der anglikanischen Kirche lautet:

Ave Maria, gratia plena - Dominus tecum

Ave Maria, voll der Gnade - der Herr sei mit dir.
Hail Mary, full of grace - the Lord is with thee.

Benedicata tu in mulieribus

Gesegnet seist du unter den Frauen
Blessed art thou among women,

Et benedictus fructus ventris tui Jesus.

Und gesegnet sei die Frucht deines Leibes Jesu.
And blessed ist he fruit of thy womb, Jesus.

Sancta Maria, Mater Dei,

Heilige Maria, Mutter Gottes,
Holy Mary, Mother of God,

Ora pro nobis peccatoribus

Bitte für uns Sünder
Pray for us sinners,

Nunc et in hora mortis nostrae. Amen

Jetzt und in der Stunde unseres Todes. Amen
Now and in the hour of our death. Amen

Das „Ave Maria" der orthodoxen Kirche lautet:

Θεοτόκε Παρθένε, χαῖρε,
Theotoke parthene chaire.

Gottensgebärerin und Jungfrau, freue dich.

Κεχαριτωμένη Μαρία, ὁ Κύριος μετὰ σοῦ.
Kecharitomenä Maria, ho Kürios meta su.

Hochbegnadete Maria, der Herr ist mit dir.

Σὺλογημένη σὺ ἐν γυναιξί,
Eulogämenä su en günaixi,

Gesegnet bist du unter den Frauen,

καὶ εὐλογημένος ὁ καρπὸς τῆς κοιλίας σου,
kai eulogämenos ho karpos täs koilias su,

und gesegnet ist die Frucht deines Leibes,

ὅτι Σωτῆρα ἔτεκες τῶν ψυχῶν ἡμῶν.
hoti Sotära etekes ton psychon hämon.

weil du den Retter unserer Seele geboren hast.

Ἀμήν
Amēn

Amen

Vgl.: 27)

153

Gebete zu Jesus Christus

Herr Jesus Christus (Abb. 40),
bitte hilf mir, in die Entspannung zu kommen, um mich selbst als einen Aspekt von Gottes Liebe zu sehen. Erweitere mein Herz, meinen Verstand und meine Seele. Lasse mich erkennen, dass ich ein Teil des großen Ganzen bin. Bringe mich in Harmonie und Übereinstimmung mit den Schwingungen des Geistes, damit daraus eine Melodie entsteht, die meine Seele in spirituelle Verbindung mit Gott bringt. Herr Jesus Christus, ich danke Dir.

Herr Jesus Christus,
sei der Weg, auf dem ich gehe.
Sei das Wort, auf das ich höre.
Sei das Licht, das mich erleuchtet.
Sei die Kraft, die mich erfüllt.
Sei der Beistand, der mich schützen mag.
Lass mich eins sein mit Dir an jedem Tag.

Herr Jesus Christus,
hilf mir, die Ereignisse in der Welt durch mein Wissen um die grundlegende Wahrheit des Friedens zu verstehen. Ich weiß, dass irdische Katastrophen natürliche Auswirkungen der menschlichen Grausamkeiten gegenüber der Natur sind. Bitte schicke Engel oder weißes Licht zu den schmerzhaften Bereichen der Erde, um ihre Selbstheilungskräfte zu stärken. Bringe das menschliche Massenbewusstsein zum Aspekt des Loslassens der Unfähigkeit zur Vergebung, was zu sozialen Problemen führt und die Umwelt zerstört.

Abb. 40   Jesus Christus Pantokrátor (5. Jh.) - Künstler unbekannt
Dieses Bild hängt im Katharinenkloster auf dem Berg Sinai und ist 1500 Jahre alt; es
wurde gemalt mit Farbpigmenten in heißem Wachs aufgelöst (Enkaustik). Es blieb in
den Wirren des Bilderstreites und aller politischen Anfeindungen erhalten, weil das
Katharinenkloster sehr abseits liegt und viele große Herrscher Schutzbriefe für das
Kloster gefertigt haben. Es ist für einen Ikonenverehrer erhebend, dass diese Ikone
bereits vor anderthalb Jahrtausenden alle Merkmale späterer Bilder aufweist.

Das „Vaterunser" in Hebräisch-Aramäisch, Griechisch, Latein und Deutsch

Das „Vaterunser" ist das wichtigste Gebet der Christenheit, das laut Aussage im Neuen Testament Jesus von Nazareth seine Jünger selbst gelehrt hat. In der hebräisch-aramäischen Sprache von Jesus weist Gott keine Schuld zu, und er führt niemanden vorsätzlich in Versuchung. Im Original gibt es auch nicht die Doxologie „Denn dein ist das Reich und die Kraft und die Herrlichkeit in Ewigkeit…" Dieses gebetsabschließende Rühmen wurde offenbar von den christlichen Kirchen hinzugefügt, weil das Gebet mit dem „Bösen" endet.

Wenn du dein Vaterunser betest (in Gedanken oder Worten), verbinde dich mit allen Menschen, die jetzt in dem Moment ebenfalls ihr Gebet an Gott richten, jeder in seiner Sprache. Dann betest du nicht allein, sondern mit der ganzen Welt. Und dein Gebet erreicht Gott in tausendfacher Verstärkung.

Πάτερ ἡμῶν ὁ ἐν τοῖς οὐρανοῖς.
Pater hämon hoen tois uranois.
Ἁγιασθήτω τὸ ὄνομά σου·
Agiasthäto to onoma su
Ἐλθέτω ἡ βασιλεία σου
Eltheto hä basileia su.
Γενηθήτω τὸ θέλημά σου
Genäthäto to theläma su
ὡς ἐν οὐρανῷ καὶ ἐπὶ γῆς·
hos en urano kaiepi gäs.
Τὸν ἄρτον ἡμῶν τὸν ἐπιούσιον δὸς ἡμῖν σήμερον
Ton arton hämon ton epiusion dos hämin sämeron

καὶ ἄφες ἡμῖν τὰ ὀφειλήματα ἡμῶν,
kaiaphes hämin taopheilämata hämon
ὡς κ αἱ ἡμεῖς ἀφήκαμεν τοῖς ὀφειλέταις ἡμῶν.
hos k aiämeis aphäkamen tois opheiletais hämon.
Καὶ μὴ εἰσενέγκῃς ἡμᾶς εἰς πειρασμόν
Kai mä eisenegäkis hämas eis peirasmon
ἀλλὰ ῥῦσαι ἡμᾶς ἀπὸ τοῦ πονηροῦ. Ἀμήν
allarusai hämas apo tu ponäru. Amēn

Griechische Übersetzung des hebräischen Urtextes
nach dem Matthäusevangelium (Mt 6,9-13)

Das hebräisch-aramäische Vaterunser in der Sprache Jesu

Abbun d'bishmayya - yit qadesh sh'makh - titey malkhutakh -
titey re' utakh - heykhma d'bishmaya. - Keyn af be' ar' a.
Ushbaq lan chobayn heykma d'af sh'baqnan l'chayyabayn.
Ve' al ta' eylan l'nisayuna - ela at sey lan min bisha. – Amen

Pater noster, qui es in caelis.	Vater unser, der du bist im Himmel*).
Sanctificetur nomen tuum.	Geheiliget werde dein Name.
Adveniat regnum tuum.	Dein Reich komme.
Fiat voluntas tua,	Dein Wille geschehe,
sicut in caelo, et in terra.	wie im Himmel, also auch auf Erden.
Panem nostrum supersubstantialem (cotidianum) da nobis hodie.	Unser tägliches Brot gib uns heute.
Et dimitte nobis debita nostra,	Und vergib uns unsere Schuld,
sicut et nos dimittimus debitoribus nostris.	wie wir vergeben unseren Schuldigern.
Et ne nos inducas in tentationem,	Und führe uns nicht in Versuchung,
sed libera nos a malo. Amen	sondern erlöse uns von dem Übel. Amen

Lateinische Fassung nach der Vulgata-Bibel seit dem 7. Jahrhundert. Der hebräische Urtext war im 4. Jh. vom Kirchenvater Hieronymus ins Lateinische übersetzt worden.

*) eigtl. „… den Himmeln", wobei die verschiedenen Stufen und Sphären der geistigen Welt gemeint sind. Luther-Übersetzung der griech. Textausgabe des Erasmus von Rotterdam, 16. Jh. - Ev. Kirchengesangbuch 1950

Friedensgebet des Hl. Franziskus von Assisi (Gedenktag 4. Oktober)

Herr, mache mich zum Werkzeug Deines Friedens.

Dass ich Liebe übe, wo man hasst.
Dass ich verzeihe, wo man beleidigt.
Dass ich verbinde da, wo Streit ist.
Dass ich die Wahrheit sage, wo der Irrtum herrscht.
Dass ich den Glauben bringe, wo der Zweifel drückt.
Dass ich Hoffnung erwecke, wo Verzweiflung quält.
Dass ich Dein Licht anzünde, wo die Finsternis regiert.
Dass ich Freude bereite, wo Kummer wohnt.

Ach Herr, lass Du mich trachten:
Nicht, dass ich getröstet werde, sondern dass ich tröste.
Nicht dass ich verstanden werde, sondern dass ich andere verstehe.
Nicht dass ich geliebt werde, sondern, dass ich liebe.

Denn: wer da gibt, der empfängt.
Wer sich selbst vergisst, der findet.
Wer verzeiht, dem wird verziehen.
Und wer da stirbt, der erwacht zum Ewigen Leben. Amen

St. Francis Prayer

Lord, make me an instrument of your peace.

Where there is hatred - let me sow love.
Where there is injury - let there be pardon.
Where there is doubt - let there be faith.
Where there is despair - let there be hope.
Where there is darknesse - let there be light.
And where there is sadness - let there be joy.

O Divine Master, grant
that I may not seek to be consolded as to console,
to be understood as to understand,
to be loved as to love.

For it is in giving that we receive,
For it is in pardoning that we are pardoned,
And it is in dying that we are born to eternal life. Amen

Mein Engel-Alphabet

Elohim-Namen in Kursivschrift • Engel-Überbegriffe in Kapitälchen • Den einzelnen Farbstrahlen sind mehrere Lichtwesen zugeordnet

NAMEN	ZUORDNUNG
Achaiah	7. Kabbalah-Engel
Adnachiel (Advachiel, Adernahael)	Schutzengel - Monat November - Tierkreiszeichen Schütze
Aduachiel	Atlantis-Engel
Ala(h)diah	10. Kabbalah-Engel
Amatiel	Helfer-Engel - Jahreszeit Frühling
Ambriel	Schutzengel - Atlantis-Engel - Planet Erde - Monat Mai - Tierkreiszeichen Zwillinge - 3. Strahl, Farbe rosaorange
Amemiah (Imamiah)	52. Kabbalah-Engel
Anauel (Amianuel, Onuel)	63. Kabbalah-Engel
Ammixiel (Amnitziel)	Engel des Monats Februar
Andon	Erzengel
Angeloi	9. Engelchor „Engel"
Aniel	37. Kabbalah-Engel
Anthriel	Erzengel des 9. Strahls, Farbe magenta
Aquariel	Erzengel des 8. Strahls, Farbe hellblau
Archai	7. Engelchor „Fürstentümer" (Principatus)
Archangeloi	8. Engelchor „Erzengel"
Ariel (Auriel)	46. Kabbalah-Engel
Arkturus	Eloah des 7. Strahls, Farbe violett
Asaliah (Oshaliah)	47. Kabbalah-Engel
Ashtiel	Atlantis-Engel
Asinel	Atlantis-Engel
Asmodel	Schutzengel - Atlantis-Engel - Monats April - Tierkreiszeichen Stier
Asrael	Atlantis-Engel
Asturel	Atlantis-Engel
Aulemiah (Elehmiah)	4. Kabbalah-Engel
Auretiel	Atlantis-Engel
Azrael (Azariel)	Erzengel - 5. Schöpferengel in Lemuria - Regent des Pluto
Baamiel	Atlantis-Engel
Balachiel	Atlantis-Engel
Barachiel (Barkiel, Barakel)	Erzengel - Regent des 2. Himmels - Monat Oktober - Tierkreiszeichen Fische
Baradiel	Atlantis-Engel - Regent des 3. Himmels
Baraquiel	Atlantis-Engel
Barbiel	Einer der Regenten des 5. Engelchors „Weltenkräfte" (Dynameis), Schutzengel für Kinder - Tierkreiszeichen Skorpion
Beleguel	Atlantis-Engel
Binael	Erzengel Kabbalah
Bokumiel	Atlantis-Engel
Caliel (Kaliel)	18. Kabbalah-Engel

Cambiel	Atlantis-Engel
Cambriel	Engel des Monats Januar
Carbiel	Atlantis-Engel
Cassiopeia	Eloah des 2. Strahls, Farbe goldgelb
Cerviel (Gerviel, Zeruel)	Erzengel Kabbalah
Cesariel	Atlantis-Engel
Chamuel (Samuel, Camael)	Führender Erzengel des 6. Engelchors „Offenbarer" (Gewalten) - Kabblah-Erzengel - Regentschaft 1190-1510 n.Chr. - Planet Mars (Ton g) - Wochentag Dienstag - Herz-Chakra - 3. Strahl, Farbe rosaorange - Metall Eisen (Fe)
CHERUBIM	2. Engelchor
Claire, Clarissa	Elohim (Exusiai) des 4. Strahls, Farbe reinweiß
Cosmoel	Atlantis-Engel
Damabiah	65. Kabbalah-Engel
Daniel	50. Kabbalah-Engel
Deusel	Atlantis-Engel
Doradoel	Atlantis-Engel
Dosoel	Atlantis-Engel
DYNAMEIS	5. Engelchor „Weltenkräfte" (Tugenden)
Eguel	Atlantis-Engel
Eia(i)el, (Eyaoel)	67. Kabbalah-Engel
ELOHIM / EXUSIAI	6. Engelchor „Die Offenbarer" (Gewalten)
Emkiel	Atlantis-Engel
Fenel	Atlantis-Engel
Gabriel (Jibril, Gibril)	Führender Erzengel des 9. Engelchors „Engel" (Angeloi) - Regent des 6. Himmels - Regentschaft 1510-1879 n.Chr. - Planet Mond (Ton d) - Himmelsrichtung Westen - Jahreszeit Winter - Element Wasser - Wochentag Mittwoch - Tierkreiszeichen Wassermann - Wurzelchakra - 4. Strahl, Farbe reinweiß - Metall Silber (Ag)
Gabriel	Atlantis-Engel
Galgalliel	Atlantis-Engel
Gargatel	Helfer-Engel - Jahreszeit Sommer
Gubarel	Helfer-Engel - Jahreszeit Herbst
Haaiah	26. Kabbalah-Engel
Haamiah (Chaumiah)	38. Kabbalah-Engel
Habuiah (Cheboiah)	68. Kabbalah-Engel
Hachamel	Atlantis-Engel
Hahahel	41. Kabbalah-Engel
Hahaiah	12. Kabbalah-Engel
Hahas(h)iah	51. Kabbalah-Engel
Hahuiah (Chahoah)	24. Kabbalah-Engel
Haiaiel	71. Kabbalah-Engel
Hakamiah (Haqomiah)	16. Kabbalah-Engel
Hamaliel	Einer der führenden Engel des 5. Engelchors „Weltenkräfte" (Dynameis) - Schutzengel - Atlantis-Engel - Monat August - Tierkreiszeichen Jungfrau
Hanael	Atlantis-Engel
Haniel (Hagiel)	Erzengel, Monat Dezember
Hariel	15. Kabbalah-Engel
Haziel (Hetziel)	9. Kabbalah-Engel
Herachel (Harahel)	59. Kabbalah-Engel

Herkules	Eloah des 1. Strahls, Farbe kristallblau
Hesediel	Erzengel Kabbalah
Hestiel	Atlantis-Engel
Hethetiel	Atlantis-Engel
Jabamiah (Yebemiah)	70. Kabbalah-Engel
Jehudiel (Jegudiel, Gudiel)	Erzengel
Jeiaiel (Yeyael)	22. Kabbalah-Engel
Jeiazel (Yaytzael)	40. Kabbalah-Engel
Jelahiah (Yelahiah)	44. Kabbalah-Engel
Jeliel (Yeliel)	2. Kabbalah-Engel
Jeremiel	Erzengel
Jerathel (Yorethael)	27. Kabbalah-Engel
Jezalel (Yetzelael)	13. Kabbalah-Engel
Jophaniel	Atlantis-Engel
Jophiel (Oriphiel)	Erzengel Kabbalah - Regentschaft 200 v.Chr. -150 n.Chr. - Planet Saturn (Ton e) - Wochentag Montag - Kronenchakra - 2. Strahl, Farbe goldgelb - Metall Blei (Pb)
Kahethel (Kahatael)	8. Kabbalah-Engel
Karmael	Atlantis-Engel
Katzachiel	Atlantis-Engel
Kevakiah (Kaveqiah)	35. Kabbalah-Engel
Kokbiel	Atlantis-Engel
Komutiel	Atlantis-Engel - Schutzengel für Tiere
Konfertiel	Atlantis-Engel
Konfitiel	Atlantis-Engel
Kyriotetes	4. Engelchor „Herrschaften" (Weltenlenker)
Labael	Atlantis-Engel
Lamachael	Atlantis-Engel
Lanoiah	17. Kabbalah-Engel
Lauviah	11. Kabbalah-Engel
Leha(c)hiah	34. Kabbalah-Engel
Leila	Eloah des 1. Strahls, Farbe kristallblau
Lek(h)abel (Lekabael)	31. Kabbalah-Engel
Lelahael	6. Kabbalah-Engel
Lemuria	Eloah des 2. Strahls, Farbe goldgelb
Leuviah (Lavayah)	19. Kabbalah-Engel
Libuel	Atlantis-Engel
Liriel	Atlantis-Engel
Luzifer	Erzengel
Machidiel (Malahidael, Malkeial u.a.) "Gottes Fülle"	Schutzengel - Monat März - Engel des Mutes; kluger Kämpfer Tierkreiszeichen Widder - schützt vor Fehlentscheidungen
Mahas(h)iah	5. Kabbalah-Engel
Malchjdael	Atlantis-Engel
Malequiel	Atlantis-Engel
Manakel (Mekel, Menaqael)	66. Kabbalah-Engel
Matariel	Atlantis-Engel
Mebahel	14. Kabbalah-Engel
Meba(h)iah (Mabayah)	55. Kabbalah-Engel
Mehiel (Machiel)	64. Kabbalah-Engel
Melachiel	Atlantis-Engel
Melahel	23. Kabbalah-Engel

Melathiel	Atlantis-Engel
Melchizedek (Melchisedech)	Erzengel (Hoher Priester) - 14. Strahl; Farben weiß, gold, violett, hellrot mit Gold
Menadel (Menudael)	36. Kabbalah-Engel
Metatron	Führender Erzengel des 1. Engelchors „Seraphim"- 13. Strahl; Farben weiß, gold, violett, hellrot mit Gold
Michael	Führender Erzengel des 5. Engelchors „Weltenkräfte" (Dynameis) - Regent des 7. Himmels - Regentschaft 1879 bis ca. 2300 n.Chr. - Planet Sonne (Ton a) - Element Feuer - Himmelsrichtung Norden - Jahreszeit Herbst - Wochentag Sonntag - Halschakra - 1. Strahl, Farbe kristallblau - Metall Gold (Au)
Miguel	Atlantis-Engel
Mihael (Miyael)	48. Kabbalah-Engel
Mikael	42. Kabbalah-Engel
Mitzrael	60. Kabbalah-Engel
Mizariel	Atlantis-Engel
M(o)umiah	72. Kabbalah-Engel
Muriel	Erzengel - Monat Juni - Tierkreiszeichen Krebs
Murjel	Atlantis-Engel
Nanael (Nunael)	53. Kabbalah-Engel
Nelchael (Nelekael)	21. Kabbalah-Engel
Nememiah (Namamiah)	57. Kabbalah-Engel
N(u)ithael	54. Kabbalah-Engel
Nith-Haiah (Nethahiah)	25. Kabbalah-Engel
Omael	30. Kabbalah-Engel
Omniel	Erzengel Kabbalah
Ophaniel	Atlantis-Engel
Orion	Eloah des 3. Strahls, Farbe rosaorange
Pahaliah	20. Kabbalah-Engel
Parkaduel	Atlantis-Engel
Perpetiel	Erzengel Kabbalah
Plagiguel	Atlantis-Engel
Poiel (Poyel)	56. Kabbalah-Engel
Raaschiel	Atlantis-Engel
Rahathiel	Atlantis-Engel
Ramodiel	Atlantis-Engel
Raphael	Führender Erzengel des 8. Engelchors „Erzengel" (Archangeloi) - Regentschaft 850-1190 n.Chr. - Planet Merkur (Ton h) - Himmelsrichtung Osten - Jahreszeit Frühling - Element Luft - Wochentag Donnerstag - Stirnchakra - 5. Strahl, Farbe smaragdgrün - Metall Quecksilber (Hg)
Raziel (Raguel)	Führender Erzengel des 2. Engelchors „Cherubim" Erzengel der jüdischen Kabbalah - Farbstrahl silberfarben
Reha(u)el	39. Kabbalah-Engel
Reijel (Reyiyel)	29. Kabbalah-Engel
Resethiel	Atlantis-Engel
Rethiel	Atlantis-Engel
Riguel	Atlantis-Engel
Rikbiel	Atlantis-Engel
Rochel (Reahel)	69. Kabbalah-Engel
Ruchiel	Atlantis-Engel
Saamiel	Atlantis-Engel

Saaphiel	Atlantis-Engel
Sabtiel	Atlantis-Engel
Sailiel	Atlantis-Engel
Salaziel	Atlantis-Engel
Samamthiel	Atlantis-Engel
Samotiel	Atlantis-Engel
Samuel *)	Atlantis-Engel
Sandalphon	Erzengel Kabbalah - Inkarnationen von Prophet Elijas und Apostel Johannes - Zwillingsbruder von Erzengel Metatron
Sanothiel	Atlantis-Engel
Sautiel	Atlantis-Engel
Schalgiel	Atlantis-Engel - Jahreszeit Winter
Schimschiel	Atlantis-Engel
Sealiah	45. Kabbalah-Engel
Sealt(h)iel (Selaphiel)	Einer der sieben Erzengel im Buch Henoch
Seeiah (Shaahiah)	28. Kabbalah-Engel
Segosel	Atlantis-Engel
Senekel	Atlantis-Engel
Seraphel	Atlantis-Engel
Seraphim	1. Engelchor
Shariel	Atlantis-Engel
Sidriel	Regierender Engel des 1. Himmels
Siiel	Atlantis-Engel
Simiel	Atlantis-Engel
Siqiel	Atlantis-Engel
Sitael	3. Kabbalah-Engel
Solara	Eloah des 5. Strahls, Farbe smaragdgrün
Speradiel	Atlantis-Engel
Sporkudiel	Atlantis-Engel
Stamiel	Atlantis-Engel
Suiel	Helfer-Engel - Erdbeben
Tarosiel	Atlantis-Engel
Tattwaiel	Atlantis-Engel
Tetramorph	Erzengel der Cherubim
Therotiel	Atlantis-Engel
Throne	3. Engelchor „Gottesträger"
Tranquilitas	Eloah des 6. Strahls, Farbe rubinrot
Tutiel	Atlantis-Engel
Umabel (Vamabel)	61. Kabbalah-Engel
Uriel (Anael; Israfil)	Führender Erzengel des 7. Engelchors „Urkräfte" (*Archai*) - Regentschaft 200 v. Chr. - 150 n.Chr. - Planet Venus - Himmelsrichtung Süden - Element Erde - Tierkreiszeichen Waage - Wochentag Freitag - Monat September - Solarplexus-Chakra - 6. Strahl, Farbe rubinrot - Metall Kupfer (Cu)
Vahoel (Vehuel)	49. Kabbalah-Engel
Valeoel	Erzengel - 10. Strahl, Farbe gold
Vasariah (Vesharia)	32. Kabbalah-Engel
Vehuiah	1. Kabbalah-Engel
Vennel	Atlantis-Engel
Verchiel	Atlantis-Engel - Monat Juli - Tierkreiszeichen Löwe
Veuliah (Vevaliah)	43. Kabbalah-Engel
Vista	Eloah des 5. Strahls, Farbe smaragdgrün

*) nicht zu verwechseln mit Erzengel Chamuel

Yehahel (Jah-Hel)	62. Kabbalah-Engel
Yehuiah (Yechuyah)	33. Kabbalah-Engel
Yeilael (Jeialel)	58. Kabbalah-Engel
Zadkiel (Zachariel)	Führender Erzengel des 4. Engelchors „Herrschaften" (*Kyriotetes*) - Regent des 5. Himmels – Planet Jupiter (Ton f) Wochentag Samstag - Sakralchakra - 7. Strahl, Farbe violett - Metall Zinn (Sn)
Zagzaguel	Fürst des göttlichen Rechts, wohnt im 7. Himmel
Zahaqiel	Regierender Engel des 4. Himmels
Zamiel	Helfer-Engel, Barmherzigkeit
Zaphkiel (Cassiel)	Führender Erzengel des 3. Engelchors „Throne" - Atlantis-Engel - Mit-Regent des 7. Himmels
Zerosiel	Atlantis-Engel
Zuriel (Turel)	Atlantis-Engel

BILDER-NACHWEIS

Kapitel 1

Abb. 1: Geburt der Engel, 2007 (Nr. 071) - Jean-Pierre Méroz (geb. 1940 in Biel/Schweiz) Bildverwendung mit freundlicher Genehmigung der Lizenzgeberin: © Sabine Wolf: www.sabine-wolf-mediathek.de

Abb. 2: Das Jüngste Gericht - Gustave Doré (1832-1883) - Illustration zur Offb 20,11 Gemeinfrei.

Abb. 3: Die Schöpfung und die Vertreibung aus dem Paradies - Giovanni di Paolo (geb. um 1403, gest. 1482). Gemeinfrei.

Abb. 4: Die 10 Sephiroth und 22 Pfade im kabbalistischen Lebensbaum - nach Isaak Luria (1534-1572). Gemeinfrei.

Abb. 5: Avalokiteshvara - Relief aus Jiuhuashan/China, Prov. Anhui. Gemeinfrei.

Kapitel 2

Abb. 6a: Mariä Aufnahme in den Himmel - Francesco Botticini (1446-1497). Gemeinfrei.

Abb. 6b: Die neun Engelchöre - geschaut von Hildegard von Bingen (1098-1179). Gemeinfrei.

Abb. 7: Ein Seraph übergibt die Wundmale an Franziskus von Assisi - Altarbild von Joseph Zenker (1832-1907). Das Bild hängt heute in der zweiten Seitenkapelle der Kapuzinerkloster- und Stadtpfarrkirche St. Anton, München. Foto: © 2014 Angelika D. Albrecht

Abb. 8: Tetramorph (16. Jh.) - unbekannter Künstler. Gemeinfrei.

Abb. 9: Throne - „Engelszyklus", 1843-45 - Edward von Steinle (1810-1886) Köln, Dom, D14 - D15: Throne, Ansicht von Süden © Dombauhütte Köln Foto: Matz und Schenk

Abb. 10: Ein Elohim erschafft Adam (Elohim Creating Adam) - William Blake (1757-1827) © Tate, 2014 - Image ID N05055

Abb. 11: Heilige Trinität, Ikone um 1411 - Andrei Rubljow (geb. um 1360, gest. 1430) Tretyakov Gallerie, Moskau
Wikimedia Commons (Gemeinfrei). File: Andrej Rublev 001.jpg - The Yorck Project: 10.000 Meisterwerke der Malerei. DVD-ROM, 2002. ISBN 3936122202. Distributed by DIRECTMEDIA Publishing GmbH.

Abb. 12: Unser Sonnensystem - © UNEP - Division of Communications and Public Information (DCPI)
United Nations Environment Programme (UNEP) - Nairobi, Kenya
Bildverwendung mit freundlicher Genehmigung von UNEP - rajinder.sian@unep.org

Abb. 13: Die sieben Himmel - Hamleh-ye Haydari, 1808, Persische Miniatur
© Bibliothèque national de France, Paris - Manuscrits - Sup. Persan. 1030 - Fol. 35V

Kapitel 3

Abb. 14: Engelfürst Metatron - Künstler unbekannt. Gemeinfrei.

Abb. 15: Treffen von Abraham und Melchizedek - Künstler unbekannt. Gemeinfrei.

Kapitel 4

Abb. 16: Die sieben Erzengel - Ikonenmalerei Russland, 18. Jh. Gemeinfrei.

Abb. 17: Erzengel Gabriel überbringt Mohammed die Offenbarungen direkt von Gott Allah - Aus einer persischen Chronik von 1307. Wikimedia Commons (Gemeinfrei).

Abb. 18: Erzengel Michael , 2002 - Ikonenmalerei mit reinem Lapislazuli
© Abraham Karl Selig (geb. 1959). Bildverwendung mit freundlicher Genehmigung des Künstlers - http://www.ikonenmalen.de

Abb. 19: Erzengel Raphael, 2014 - © Angelika D. Albrecht

Abb. 20: Erzengel Gabriel verkündet Maria die Geburt von Jesus, 1435 - Jan van Eyck (1390-1441). Flügelaltar (geschlossene Ansicht) in der Bavo-Kathedrale, Gent
Gemeinfrei (Joachim Schäfer, Ökumenisches Heiligenlexikon)

Abb. 21: Erzengel Uriel - James Powell und Söhne, Mosaik aus der St. John's Church, in Boreham, Wiltshire 1888. Gemeinfrei.

Abb. 22: Erzengel Barachiel - Marchela Dimitrova (geb. 1964)
Bildverwendung mit freundlicher Genehmigung der Künstlerin.
http://marcheladimitrova.wix.com/byzantineicons

Abb. 23: Erzengel Jophiel - Zeitgenössische Nachbildung einer griechisch-orthodoxen Ikonenmalerei. Bildverwendung mit freundlicher Genehmigung von Regine Swoboda
email@engel-welten.com.

Abb. 24: Erzengel Chamuel - „Engel der Liebe", 2014 - © Angelika D. Albrecht

Abb. 25: Erzengel Andon - Kirche Kiew/Ukraine - Foto: © geo.de

Abb. 26: Luzifer in seiner ursprünglichen Herrlichkeit („Satan in his Original Glory"), ca. 1805 - William Blake (1757-1827). © Tate, London 2014 - Image ID N05892

Abb. 27: Die Farbstrahlen der 14 Erzengel, 2014 - © Angelika D. Albrecht

Kapitel 5

Abb. 28: Schutzengel, 1972 - © Wilfried Ogilvie (geb. 1929)
Bildverwendung mit freundlicher Genehmigung des Künstlers.

Abb. 29a und 29b: Engelbilder von Kindergartenkindern - Aus: „Der Engel - das bin ich ..."
von Christiane von Königslöw. Verlag Freies Geistesleben & Urachhaus GmbH, Stuttgart (2006) - ISBN 13: 978-3-7725-2035-8 Fotos: © Christiane von Königslöw

Kapitel 6

Abb. 30: Engel der Harmonie - Ingrid Riedel-Karp (geb. 1935). © F.E. Eckard Strohm
Bildverwendung mit freundlicher Genehmigung von F.E. Eckard Strohm.

Kapitel 8

Abb. 31: Beleuchtung einer Menora, 1299 - Joseph Asarfati
Jüdische Cervera-Bibel (Biblioteca National, Lissabon)
© Bridgeman Art Library Bild Nr.: 122811

Abb. 32: Flammender Stern im Tierkreis, 2014 - Collage: Angelika D. Albrecht

Kapitel 11

Abb. 33a: Posaunenengel - Straßburger Münster (Bündelpfeiler)
Foto: © 2014 Angelika D. Albrecht

Abb. 33b: Harfenengel, 1619 - Nicolaus Storant, Meiningen - Holzbildtafel (Westempore).
© Evangelisch-lutherische Michaeliskirche Ostheim/Rhön
Bildverwendung mit freundlicher Genehmigung des Pfarrers der Gemeinde.

Abb. 33c: Das Engellied, 2014 - © Angelika D. Albrecht

Kapitel 12

Abb. 34: Engelbotschaft an die Hirten auf dem Felde - Wandgemälde in der Kapelle auf den Hirtenfeldern in Beit Sahur (palästinensische Stadt östlich von Bethlehem im Westjordanland)
Foto: © Eberhard Kuch - http://www.fotocommunity.de/pc/account/myprofile/884374
Bildverwendung mit freundlicher Genehmigung des Fotografen.

Kapitel 13

Abb. 35: Engel der Tiere, 2014 - © Angelika D. Albrecht

Abb. 36: Engel der Vergebung - © Therese Kniepeiß, Graz
Bildverwendung mit freundlicher Genehmigung der Künstlerin und Privatbesitzer

Kapitel 14

Abb. 37: Das Abendmahl – Leonardo da Vinci (1452-1519)
Wikimedia Commons (Gemeinfrei) - File: Última Cena - Da Vinci 5.jpg

Abb. 38: Abendgebet „Müde bin ich, geh' zur Ruh"- Kupferstich um 1850
Bildverwendung mit freundlicher Genehmigung: http://www.fichterart.de

Abb. 39: Jungfrau Maria mit Kind und vier Engeln - Gerard David (ca. 1460-1523).
Wikimedia Commons (Gemeinfrei) - File: Gerard David - Virgin and Child with Four Angels
WGA6036.jpg - Uploaded by Crisco 1492.

Abb. 40: Jesus Christus Pantokrátor (5. Jh.) - Künstler unbekannt
Wikimedia Commons (Gemeinfrei) - File: Spas vsederzhitel sinay.jpg

QUELLEN-NACHWEIS

Literatur

Aivanhov, Omraam Mikchael - Alle Zitate aus seinen Büchern mit freundlicher Genehmigung des Prosveta Verlages Deutschland, Rottweil.

Auer, Ingrid: Engel-Transformationssymbole. Lichtpunkt & Ekonja-Verlag „Die Silberschnur" GmbH, Güllesheim (2012) - ISBN 978-3902636522

Aulich, Birgit & Thomas Petrecky (Illustrationen): Die Engel der Tierkreiszeichen. Anelusdoron-Verlag (2007) - ISBN 978-3940480033 Verwendung des Textes mit freundlicher Genehmigung der Autorin.

Cooper, Diana: Der Engel-Ratgeber. Ansata-Verlag der Verlagsgruppe Random House GmbH, München (10. Aufl. 2005) - ISBN 3-7787-7030-6

Courtenay, Edwin: Reflexionen. Die Meister erinnern sich. Edition Sternenprinz (1998) Hans-Nietsch-Verlag, Freiburg - ISBN 3-929475-71-5 Verwendung des Textzitates mit freundlicher Genehmigung des Verlages.

Gaebelein, Arno C.: Die Welt der Engel. Christliche Verlagsgesellschaft Dillenburg (1986, 1996) - ISBN 3921292492, 9783921292495 - Verwendung der Textzitate mit freundlicher Genehmigung des Verlages.

Glöckler, Michaela: Elternsprechstunde, Kapitel „Engel - Ihre Wirksamkeit im Leben von Kindern und Erwachsenen". Verlag Freies Geistesleben & Urachhaus GmbH, Stuttgart (5. Aufl. 1999) - ISBN 3-87838-602-8 Verwendung des Textzitates mit freundlicher Genehmigung des Verlages.

Haziel: Mit dem eigenen Schutzengel kommunizieren - Namen und Eigenschaften der 72 Engel. Wilhelm Goldmann-Verlag, Verlagsgruppe Random House, München (2005) ISBN-13: 978-3-442-21725-0. Textadaption mit freundlicher Genehmigung des Verlages.

Königslöw, Christiane von: Der Engel – das bin ich ... Verlag Freies Geistesleben & Urachaus GmbH, Stuttgart (2006) - ISBN 978-3-7725-2035-8

Krauss, Heinrich: Kleines Lexikon der Engel. Von Ariel bis Zebaoth. Verlag C. H. Beck, München (2001, 2002) - Beck'sche Reihe; 1411 - ISBN 3-406-45952-X Verwendung der Textzitate mit freundlicher Genehmigung des Verlages.

Milton, John: Das verlorene Paradies. Marix Verlag (2008) - ISBN 10-3865391753

Schroeder, Hans-Werner: Mensch und Engel. Die Wirklichkeit der Hierarchien.
Verlag Freies Geistesleben & Urachhaus GmbH, Stuttgart (1979)
ISBN 783878382683
Verwendung der Textzitate mit freundlicher Genehmigung des Verlages.

Sheldrake, Rupert & Matthew Fox: Engel - die kosmische Intelligenz.
Schirner Verlag, Darmstadt (3. Aufl. 2012) - ISBN 978-3-89767-655-8
Verwendung der Textzitate mit freundlicher Genehmigung des Verlages.

Steiner, Rudolf: Gesamtausgabe (GA) - Rudolf Steiner Verlag, Dornach/Schweiz
GA 098, GA 102, GA 107, GA 110, GA 184, GA 224, GA 265

Steiner, Rudolf: Natur- und Geistwesen. Ihr Wirken in unserer sichtbaren Welt.
Hörernotizen von 18 Vorträgen in verschiedenen Städten 1907-1908.
Taschenbuch, 1999 - ISBN 978-3727474200

Steiner, Rudolf: Gebete für Mütter und Kinder. Verl. d. Rudolf Steiner-Nachlassverwaltung,
1962 - ASIN: B0000BO7ZA

Strohm, F.E. Eckard: Die Engel von Atlantis. Essenisches Verlags- & Handelshaus AG,
Eitorf (1989, 1992, 1996) - ISBN 3-932299-00-0
Verwendung der Textzitate mit freundlicher Genehmigung des Autors.

Virtue, Doreen: Die neuen Engel der Erde (2008).
Allegria im Ullstein Taschenbuch, Berlin - ISBN 978-3-548-74419-3

Wolf, Anita: UR-Ewigkeit in Raum und Zeit (1949/50). Hrsg. und Verlag:
Anita-Wolf-Freundeskreis e. V., Stuttgart - (5. Aufl. 2000)
Verwendung der Textzitate mit freundlicher Genehmigung des Freundeskreises.

Wurmbrand, Richard: „UR Das wahre Ziel", Ausg. 39, 2013
Mit freundlicher Genehmigung des Antia-Wolf-Freundeskreis e.V., Stuttgart.

Internetseiten (Stand 1.12.2014)

01) http://www.angel-spiral.beepworld.de/hierarchie.htm

02) http://anita-wolf.de/10.htm

03) http://www.ansira.beepworld.de/engel.htm

04) http://www.anthroposophie-lebensnah.de/lebensthemen/engel

05) http://www.anthrowiki.at/Atlantis
06) http://www.anthrowiki.at/Elementargeister
07) http://www.anthrowiki.at/Geister_des_Willens
08) http://www.anthrowiki.at/Melchizedek
09) http://www.anthrowiki.at/Metalle
10) http://www.anthrowiki.at/Sephiroth
(Hrsg. Wolfgang Peter)

11) http://www.ender-coaching.de (Autorin Sigrun Ende)
Mit freundlicher Genehmigung der Autorin.

12) http://www.genius-verlag.de/schutzengel.htm

13) http://www.guido-eran.de/spirituell/schoepfungsstrahlen.html (Autor Guido Bartels)
Mit freundlicher Genehmigung des Autors.

14) http://www.himmelsboten.de

15) http://home.datacomm.ch/engelfrau

16) http://www.kraheck-liecker.de

17) http://lexi-online.de/themen/spirituelles/engel/der_gefallene_engel

18) http://www.lichtkreis.at

19) http://www.ladeva.de (Autorin Petra Schneider)
Mit freundlicher Genehmigung der Autorin.

20) http://www.realpeacework-akademie.inf (Autor Benjamin Christ)
Der Autor hat mir freundlicherweise erlaubt, die Angaben der Tabelle zu übernehmen.

21) http://www.sanctusjoseph.com/Angelorum/Deutsch/Anarim.html

22) http://schicksalskarten.poststu.be (Hrsg. Hendrik Baacke)

23) http://www.solaria-2362.net/lichtkanal/engelordnung-aufgaben-einsatz.html

24a) http://www.vigeno.de/petra-schneider/engel-farbstrahlen-elohim-free-314

24b) http://www.vigeno.de/newcomer/boehrnsen/engel-engelkalender-2012

25) http://wiki.astro.com/astrowiki/de/Planetenton

26) http://wiki.yoga-vidya.de/Schöpfung

27) http://www.wikipedia.org/wiki/Ave_Maria

28) http://www.wikipedia.org/wiki/Protevangelium_des_Jakobus

29) http://www.wikipedia.org/wiki/Schechina

30) http://www.wikipedia.org/wiki/Schöpfung

31) http://www.wikipedia.org/wiki/Sephiroth

32) http://www.wikipedia.org/wiki/Seraph

33) http://www.wikipedia.org/wiki/Sphäre

Alle Bilder und adaptierten Artikel von Wikipedia stehen unter (1) Creative-Commons-Lizenzen (CC-by…) sowie (2) GNU Free Documentation License (GFDL). Eine Genehmigung für die kostenlose Nutzung (auch für kommerzielle Zwecke) ist nicht erforderlich, solange die Lizenzbestimmungen eingehalten werden.
Für 1: Nennung des Urhebers, des Lizenzkürzels sowie der Link zur Lizenz. Für 2: Nennung des Urhebers und der Abdruck des vollständigen Lizenztextes. Steht ein Bild sowohl unter der GFDL als auch einer Creative-Commons-Lizenz, darf man frei aussuchen, unter welcher Lizenz man das Bild nutzen möchte. Nachweise der Autoren über Wikipedia. Ähnliches gilt für Anthrowiki. Nach offizieller Ansicht der Wikimedia Foundation sind originalgetreue Reproduktionen zweidimensionaler gemeinfreier Werke gemeinfrei und Behauptungen des Gegenteils ein Angriff auf das Konzept der Gemeinfreiheit. Sie werden als „Wikimedia Commons"(Public Domain) bezeichnet. Die Abkürzung URL bezeichnet den einheitlichen Quellenanzeiger (engl. Uniform Resourcer Locator); er identifiziert und lokalisiert eine Ressource, wie z. B. eine Website über die zu verwendende Zugriffsmethode (z. B. das verwendete Netzwerkprotokoll wie HTTP oder FTP) und den Ort (engl. location) der Ressource in Computernetzwerken.

BEGLEITENDE BÜCHER UND CDs

Clausing, Kathrin (Hrsg.): Beflügelt von den Farben des Lebens. Marc Chagall und die Botschaft der Engel. Verlag am Eschbach der Schwabenverlag AG, Eschbach (2011) ISBN 978-3-86917-045-9

Douglas-Klotz, Neil: Das Vaterunser - Meditationen und Körperübungen zum kosmischen Jesusgebete - MensSana im Droemer-Knauer-Verlag (1992, 2007) - ISBN 978-3-426-87353-3

Fortune, Dion: Die See-Priesterin (Roman) - Smaragd-Verlag, Neuwied (1989/2, 1992, 1993) ISBN 3-926374-12-8

Gertsch, Elisabeth und Sulamith Wülfing: Die Engel an unserer Seite (Bildbändchen) Wiener Verlag, Himberg - ISBN 3-922936-78-4

Keller, Peter K.: Pilgerfahrt zu Gott - Engelbotschaften für den Alltag. Smaragd Verlag, Woldert (2013) - ISBN 978-3-941363-89-2

Kriele, Alexa: Die Engel geben Antwort - auf Fragen nach dem Sinn des Lebens. Heinrich Hugendubel Verlag, Kreuzlingen/München (2002) - ISBN 3-7205-2350-0

Moolenburgh, H. C.: Engel als Beschützer und Helfer des Menschen. Bauer Verlag Hermann Bauer, Freiburg i. Br. (3. Aufl. 1988) - ISBN 3-7626-0290-5

Paffenhoff, Jean-Marie: Die Engel Deines Lebens - Wie Du mit ihnen Kontakt aufnimmst. Verlag „Die Silberschnur", Güllesheim (1997) - ISBN 3-931 652-17-3

Purk, Erich: Das kleine Buch vom Engel an deiner Seite, mit Bildern von Irmtraud Schniedenharn. tdv-Verlag, Düsseldorf - ISBN 978-3-926512-79-6

Spilling-Nöker, Christa: Engel an deinem Weg. Mit Bildern von Marc Chagall. Verlag Herder Freiburg/Br. (2004) - ISBN 3-451-28459-6

Steiner, Rudolf: Was tut der Engel in unserem Astralleib? - Wie finde ich den Christus? Rudolf Steiner Verlag, Dornach (9. Aufl. 1996) - ISBN 3-7274-5145-9

Steiner, Rudolf: Vom Wirken der Engel. Verlag Freies Geistesleben, Stuttgart (5. Aufl. 2008) ISBN 978-37725-2117-1

Terhart, Franjo: Kabbala - Die jüdische Mystik. Parragon Books Ltd., Bath/UK ISBN 978-1-4054-7978-3

Wapnick, Kenneth: Wunder als Weg - Die 50 Grundsätze der Wunder. Greuthof Verlag, Gutach i. Br. (5. Aufl. 2008) - ISBN 978-3-923662-38-8

Pia – Benediction Moon
CD New World Music Ltd, England (1998)
Mit ihrer sanften, engelklar widerhallenden Stimme erzeugt Pia in ihrem ersten Album zusammen mit den geheimnisvollen Arrangements einen warmen himmlischen Klang.

„Die Engel von Atlantis" von Doreen Virtue
CD Hörbuch Hamburg Verlag Margrit Osterwold, Hamburg (2004)
Heilmeditationen und Engelsgeschichten mit himmlischer Musik

„Pilgerfahrt zu Gott" von Peter K. Keller
CD in Ergänzung zu Kellers gleichnamigem Buch.
Diese Engelbotschaften für den Alltag singt Peter K. Keller mit seinem sonoren Bass und wird dabei von dem herausragenden Klavierspiel und Sopran seiner Ehefrau Konstanze Keller begleitet. Peter K. Keller sagt: „Auf meiner Pilgerreise beschenkten mich Engel mit diesen Liedern und baten mich, sie an alle Suchenden als Trost, Kraft und Heilung weiter zu geben." ausZeit Verlag - Jürgen Heuchemer, Dürrholz - info@auszeit-verlag.de

„Benediction" von Angelika
Diese CD lässt mystische und tief andächtige Musik erklingen. Mit ihrer unvergleichlichen Stimme, die sie auf verschiedenen Instrumenten begleitet, singt Angelika Gebete in Aramäisch, Latein, Griechisch, Jüdisch und Englisch.
Diese CD wurde im eigenen Tonstudio hergestellt: © 2006 AngelikaHealingMusic

„Wenn Engel die Erde berühren" - Gudrun Landgrebe liest Rainer Maria Rilke
Gedichte und Gedanken zwischen den Welten
CD Herder Audio in der Verlag Herder GmbH, Freiburg

„Ich bin bei dir" - Engelsmelodien von und mit Hans-Jürgen Hufeisen
Die CD enthält fünf Eigenkompositionen zum Thema Engel; gespielt werden sie vom international erfolgreichen Blockflötenspieler, Komponisten und Arrangeur Hans-Jürgen Hufeisen. Das begleitende Büchlein enthält Texte von Hildegunde Wöller (1938 - 2011) und Hans-Jürgen Hufeisen (geb. 1954). St. Benno-Verlag, Leipzig - www.st-benno.de

DANKSAGUNG

Meinem langjährigen Bekannten Paul Gerhard danke ich für die sorgfältige Durchsicht des Manuskripts. Seine theologischen Anmerkungen regten mich zu entscheidenden Korrekturen an, die besonders kurz vor Drucklegung ungemein wertvoll für mich waren.

Allen Autoren, Fotografen, Verlagen und Museen danke ich für das Zitieren der Texte bzw. Verwenden der Bilder.

Ich danke meiner Tochter Clarissa, dass sie mir ihre kostbare Zeit geschenkt hat, damit „Mein Engelbuch" in dieser schönen Form erscheinen konnte.

Angelika Dorothea Albrecht
ang.albrecht@arcor.de